U0504782

"十二五"国家重点图书出版规划项目

社会系列

普洱史话

A Brief History of Pu'er

卫 星 主编

社会科学文献出版社
SOCIAL SCIENCES ACADEMIC PRESS (CHINA)

总　序

　　中国是一个有着悠久文化历史的古老国度，从传说中的三皇五帝到中华人民共和国的建立，生活在这片土地上的人们从来都没有停止过探寻、创造的脚步。长沙马王堆出土的轻若烟雾、薄如蝉翼的素纱衣向世人昭示着古人在丝绸纺织、制作方面所达到的高度；敦煌莫高窟近五百个洞窟中的两千多尊彩塑雕像和大量的彩绘壁画又向世人显示了古人在雕塑和绘画方面所取得的成绩；还有青铜器、唐三彩、园林建筑、宫殿建筑，以及书法、诗歌、茶道、中医等物质与非物质文化遗产，它们无不向世人展示了中华五千年文化的灿烂与辉煌，展示了中国这一古老国度的魅力与绚烂。这是一份宝贵的遗产，值得我们每一位炎黄子孙珍视。

　　历史不会永远眷顾任何一个民族或一个国家，当世界进入近代之时，曾经一千多年雄踞世界发展高峰的古老中国，从巅峰跌落。1840 年鸦片战争的炮声打破了清帝国"天朝上国"的迷梦，从此中国沦为被列强宰割的羔羊。一个个不平等条约的签订，不仅使中国大量的白银外流，更使中国的领土一步步被列强侵占，国库亏空，民不聊生。东方古国曾经拥有的辉煌，也随着西方列强坚船利炮的轰击而烟消云散，中国一步步堕入了半殖民地的深渊。不甘屈服的中国人民也由此开始了救国救民、富国图强的抗争之路。从洋务运动到维新变法，从太平天国到辛亥革命，从五四运动到中国共产党领导的新民主主义革命，中国人民屡败屡战，终于认识到了"只有社会主义才能救中国，只有社会主义才能发展中国"这一道理。中国共产党领导中国人民推倒三座大山，建立了新中国，从此饱受屈辱与蹂躏的中国人民站起来了。古老的中国焕发出新的生机与活力，摆脱了任人宰割与欺侮的历史，屹立于世界民族之林。每一位中华儿女应当了解中华民族数千年的文明史，也应当牢记鸦片战争以来一百多年民族屈辱的历史。

当我们步入全球化大潮的21世纪，信息技术革命迅猛发展，地区之间的交流壁垒被互联网之类的新兴交流工具所打破，世界的多元性展示在世人面前。世界上任何一个区域都不可避免地存在着两种以上文化的交汇与碰撞，但不可否认的是，近些年来，随着市场经济的大潮，西方文化扑面而来，有些人唯西方为时尚，把民族的传统丢在一边。大批年轻人甚至比西方人还热衷于圣诞节、情人节与洋快餐，对我国各民族的重大节日以及中国历史的基本知识却茫然无知，这是中华民族实现复兴大业中的重大忧患。

中国之所以为中国，中华民族之所以历数千年而不分离，根基就在于五千年来一脉相传的中华文明。如果丢弃了千百年来一脉相承的文化，任凭外来文化随意浸染，很难设想 13 亿中国人到哪里去寻找民族向心力和凝聚力。在推进社会主义现代化、实现民族复兴的伟大事业中，大力弘扬优秀的中华民族文化和民族精神，弘扬中华文化的爱国主义传统和民族自尊意识，在建设中国特色社会主义的进程中，构建具有中国特色的文化价值体系，光大中华民族的优秀传统文化是一件任重而道远的事业。

当前，我国进入了经济体制深刻变革、社会结构深刻变动、利益格局深刻调整、思想观念深刻变化的新的历史时期。面对新的历史任务和来自各方的新挑战，全党和全国人民都需要学习和把握社会主义核心价值体系，进一步形成全社会共同的理想信念和道德规范，打牢全党全国各族人民团结奋斗的思想道德基础，形成全民族奋发向上的精神力量，这是我们建设社会主义和谐社会的思想保证。中国社会科学院作为国家社会科学研究的机构，有责任为此作出贡献。我们在编写出版《中华文明史话》与《百年中国史话》的基础上，组织院内外各研究领域的专家，融合近年来的最新研究，编辑出版大型历史知识系列丛书——《中国史话》，其目的就在于为广大人民群众尤其是青少年提供一套较为完整、准确地介绍中国历史和传统文化的普及类系列丛书，从而使生活在信息时代的人们尤其是青少年能够了解自己祖先的历史，在东西南北文化的交流中由知己到知彼，善于取人之长补己之短，在中国与世界各国愈来愈深的文化交融中，保持自己的本色与特色，将中华民族自强不息、厚德载物的精神永远发扬下去。

《中国史话》系列丛书首批计200种，每种10万字左右，主要从政治、经济、文化、军事、哲学、艺术、科技、饮食、服饰、交通、建筑等各个方面介绍了从古至今数千年来中华文明发展和变迁的历史。这些历史不仅展现了中华五千年文化的辉煌，展现了先民的智慧与创造精神，而且展现了中国人民的不屈与抗争精神。我们衷心地希望这套普及历史知识的丛书对广大人民群众进一步了解中华民族的优秀文化传统，增强民族自尊心和自豪感发挥应有的作用，鼓舞广大人民群众特别是新一代的劳动者和建设者在建设中国特色社会主义的道路上不断阔步前进，为我们祖国美好的未来贡献更大的力量。

陈奎元

2011 年 4 月

出版说明

　　自古至今，始终坚持不懈地从漫长的文明进程中不断总结历史经验教训，从中汲取有益营养，从而培植广阔的历史视野，并具有浓厚的历史意识，这是我们中国文化独有的鲜明特征，中华民族亦因此而以悠久的"重史"传统著称于世。在整个人类文明史上独一无二、系统完备的"二十四史"即证明了这一点。

　　中华人民共和国成立后，历史知识普及工作被放到十分重要的位置。20世纪五六十年代，著名历史学家吴晗主持编写的《中国历史小丛书》，90年代中国社会科学院院长胡绳组织编写的《中华文明史话》和《百年中国史话》，成为"大家小书"的典范，而后两套历史知识普及丛书正是《中国史话》之缘起。

　　2010年年初，为切实贯彻中央关于"做好历史知识普及工作"的指示精神，同时也为了更好地弘扬中国传统文化，我们对《中华文明史话》和《百年中国史话》

两套丛书的内容进行了修订和增补，重新设计框架，以"中国史话"为丛书名出版。第十一届全国政协副主席、时任中国社会科学院院长陈奎元亲任《中国史话》一期编委会主任，时任中国社会科学院副院长武寅任编委会副主任。正是有了各级领导的关心支持和诸多学术名家的积极参与，《中国史话》一期200种图书得以顺利出版，并广受好评。

《中国史话》丛书的诞生，为历史知识普及传播途径的发展成熟，提供了一种卓具新意的形式。这种形式具有以通俗表述、适中篇幅和专题形式展现可靠历史知识的特征。通俗、可靠、适中、专题，是史话作品缺一不可的要素，也是区别于其他所有研究专著、稗官野史、小说演义类历史读物的独有特征。

囿于当时条件，《中国史话》一期的出版形式不尽如人意，其内容更有可以拓展的广阔空间，为此2013年4月我们启动了《中国史话》二期出版工作。《中国史话》二期分为经济、政治、文化、社会和生态五大系列，拟对中国各区域、各行业、各民族等的发展历史予以全方位介绍。我们并将在适当时机，启动《世界史话》的出版工作。史话总规模将达数千种。

我们愿携手海内外专家学者，将《中国史话》《世界史话》打造成以现代意识展现全部人类历史和人类文明，集学术性、知识性、趣味性于一体的"万有文库"；并将承载如此丰厚内容的史话体写作与出版努力锻造成新时期独具特色的出版形态。

希望史话丛书能在形塑民族历史记忆、汲取人类文明精华、培育现代国民方面有所贡献，并为广大读者所喜爱。

史话编辑部

2014 年 6 月

目 录
Contents

序

  普洱，古为百濮、百越居住的"闵濮之乡"之一，为哈尼语地名，"普"为寨，"洱"为水湾，"普洱"意为"水湾寨"。"南邻越棠（越南、老挝），西通缅甸，左据李仙之水（李仙江），右跨九龙之江（澜沧江），六茶山连属百重，大川原坦平千里，西南名郡，边围要区"，清光绪《普洱府志》这样简练地勾画了普洱的自然地理概貌。

  普洱历史悠久、文化多元。从普洱发掘的新石器时代濮越、氐羌少数民族的石制工具，以及商周以来的历史文献记载和实物存留，均充分证明了普洱各民族从远古开始就繁衍生息在这里。从汉朝开始，历代封建王朝都在普洱设有行政管理机构。清雍正年间设普洱府。新中国成立以后，先后设普洱专区、思茅专区、思茅地区。2003 年 10 月，撤销思茅地区，设立地级思茅市。2007 年 2 月，国务院批准思茅市更名为普洱市。2000 多年来，中央政府一直在普洱行使管辖权，普洱始终是统一的中华民族大家庭的一员。

普洱因茶而兴，因茶而闻名。普洱人民与茶结缘已有三四千年的历史，其中有文字记载的茶树栽培和利用历史就有1800 多年。距今 3540 万年的景谷宽叶木兰化石、距今 2700 余年的镇沅千家寨野生古茶树群落、距今 1000 余年的澜沧邦崴过渡型古茶树以及目前国内所发现的面积最大、历史最长、保存最完整的栽培型古茶园——澜沧景迈芒景千年万亩古茶园，充分说明普洱不但茶树类型齐全，而且构成了完整的人类发现、利用、驯化茶树的文明序列，是名副其实的"古茶树博览园"，是中国乃至世界茶树资源的重要宝库，是世界茶树原生地的中心地带。

始于汉唐并延续 1000 多年的被称为"南方丝绸之路"的茶马古道，就是从普洱出发，接内地、达京城、通邻国，最终延伸到欧洲大陆。茶马古道作为世界上通行里程最长的古代商路之一，被后人称作中国西南大地上的一条对外经济文化交流、传播中国古代文明的国际通道。同时，这里也是民族迁徙的走廊、佛教东进之路和东西方文化交流的大动脉。千百年来，这条悠悠古道把普洱与世界紧密联系在一起。普洱茶以其悠久的历史和丰富的内涵演绎了光辉灿烂的茶文明，为世界文明做出了重大贡献。古今中外文人学士为普洱茶著书立说、吟诗作对者不乏其人，如清代文学家曹雪芹曾将普洱茶写入《红楼梦》，俄国文豪托尔斯泰亦将普洱茶写入《战争与和平》，清代文人阮福著有《普洱茶记》，等等。今天，历久弥新的普洱茶又焕发出勃勃生机，成为"云茶"的响亮品牌，并和西湖龙井、安溪铁观音等并列为中国十大名茶。

普洱是多民族集聚的大家庭和民族文化的大观园。云南26个民族在普洱均有分布，其中有世居民族14个。展开普洱的历史长卷，虽然生活在这片土地上的各民族人民在生产、生活、宗教信仰和习俗方面不尽相同，但彼此之间包容共生、和睦相处，长期以来形成了"你离不开我、我离不开你"的民族关系，各族人民同呼吸、共命运、心连心。在历史上，各民族兄弟姐妹同仇敌忾，英勇抗击外国侵略者，捍卫了祖国领土完整和民族尊严；各民族头人剽牛立誓歃血为盟，表示要团结到底，永远跟共产党走，在边疆大地上树立起了民族团结的丰碑，谱写了一曲曲民族团结进步、和谐发展的赞歌。普洱的民族文化多姿多彩、风情万种、特色鲜明。拉祜族、佤族等少数民族文化是迄今中国乃至世界最具原生态特色的民族传统文化之一。无论是以饮食、服饰、建筑、生产工具等为内容的物质文化，还是以语言、文学、艺术、宗教、习俗等为内容的精神文化，传承至今几乎没有被人工雕琢过的痕迹，保持了较完整的原生态性和地道性。众多民族的不同习俗、不同宗教赋予了普洱极为斑斓的色彩。多彩的民族服饰织成了民族风俗的绚烂画卷，不同形态的民族建筑构筑了民族文化的长廊，不同的语言、文字、歌舞与传说汇成了绚丽的民族文化的彩虹……普洱就是一个民族文化的天然博物馆。

普洱是"彩云之南"的一个融生态、资源、民族文化于一体的地级大市，也是一个发展相对滞后的边疆民族地区。独特的生态环境、地理区位、资源禀赋和人文风情，使普洱成为祖国大西南的重要生态安全屏障、国家桥头堡建设的"堡中堡"、最适宜人类居住的地方之一。普洱也享有"北回归线上的巨大绿洲""云南动植物王国""世界茶源、中国茶城、普洱茶都""中国咖啡之都""妙曼普洱、养生天堂"的美誉。

编撰《普洱史话》，目的是让人们进一步认识普洱、了解普洱、热爱普洱，为国内外朋友关注普洱、走近普洱打开一扇新的窗口。《普洱史话》资料翔实、文风质朴、贴近生活、贴近群众、可读性强，相信会起到很好的资政、存史、教化作用。

中共普洱市委书记　卫　星

一 普洱沿革

普洱地处云南省西南部，东与玉溪、红河交界，南接西双版纳，西北连临沧，北靠大理，东南与越南、老挝接壤，西南与缅甸毗邻，是我国面向东南亚开放的重要城市之一。

1 名称由来

普洱，古为百濮、百越居住的"闽濮之乡"之一。唐代南诏国置步日睑，后有步日部、普日甸、普耳、布尔之称。清代置普洱府，其地名演化为普洱，为哈尼语地名。"普"为寨，"洱"为水湾，"普洱"意为水湾寨。因宁洱东、西洱河于府城东、西两侧由北向南流淌，相汇于三岔河，成三面环城之势，加之城北有凤凰山，使之呈"三角半岛"之状，故得名。

2 古代建置沿革

据《汉书·地理志》记载，汉武帝在西南夷设置郡县是从建元六年（前135）唐蒙出使夜郎建立犍为郡开始的。永平十二年（69）哀牢国归附东汉，以其地设永昌郡。哀牢国鼎盛时期，疆域辽阔，号称东西3000里，南北4600里，国土约138万平方里，范围大半与东汉所设全国第二大郡的永昌郡辖地一致，即东起哀牢山脉，西至缅北敏金山，南达今西双版纳南境，北抵喜马拉雅山南麓。

蜀汉建兴三年（225）诸葛亮兵分三路平定南中，改益州为建宁，分建宁、越嶲，置云南郡。又分建宁、牂牁，置兴古郡。其澜沧江流域以东地带有濮子部，澜沧江流域以西地带有望部和茫部（茫天连）。据《中国历史地图集》所标，蜀汉在今西双版纳景洪设南涪，时普洱地区当属南涪县所辖。诸葛亮还把永昌郡的濮人"数千落"移到云南、建宁界（今祥云一带），以实二郡，证明澜沧江流域以东地区诸部族虽"各居山川，地广人稀"，但已有建置。

唐开元二十四年（736），南诏在唐朝的支持下，完成了对六诏的统一。《蛮书·云南城镇》载："永昌城，古哀牢地，西南管柘南城（柘南城就是景东各土著民族弃山林后建起的第一个城邑，城址即为今景东县城一带），土俗相传，呼为要镇。正南过唐封川（今凤庆），至茫天连。自澜沧江已西，越赕扑子（今佤族先民），其种并是望苴子（今德昂、佤、布朗等族的先民）。银生城在扑赕（今大理南涧）之南，去龙尾城（今云南下关市）十日程，东南有通镫川（今墨江县），又直南通河普川（今江城县），正南通羌浪川（今越南莱州），却是边海无人之境也。南至邛鹅川（今澜沧），又东南至大银孔

（今泰国景迈）。外通交易之处，多诸珍宝，以黄金麝香为贵货。扑子、长鬃等数十种蛮。又开南城在龙尾城南十一日程，管柳追和（镇沅）都督城，又威远城（今景谷）、奉逸城（今宁洱）、利润城（今勐腊），内有盐井一百来所。茫乃道（今景洪）并黑齿等类十部落，皆属焉。"又据《云南百科全书》录南诏文化研究会成果，"永泰元年（765），南诏王朝设开南节度，府治在开南城（今景东文井开南），南诏王朝为了削弱开南地区'金齿百蛮'的力量，贞元十年（794）废开南节度设银生节度，府治在今景东县城。南诏国设立节度最多的时期当在贞元十年前后，为七节度，分别为弄栋（今云南省姚安县）、拓东（一作柘东，今云南省昆明市）、永昌（今云南省保山市隆阳区）、宁北（后改为剑川节度，今云南省剑川县）、丽水（今伊洛瓦底江上游两岸）、银生（今云南省景东县）、铁桥（今香格里拉、丽江及盐源、盐边诸地）"。二都督是会川（今四川省会理县）、通海（今云南省通海县）。节度和都督同是仿唐制，是在唐朝都督府、羁縻州县的基础上发展起来的。《南诏德化碑》记载："开南城大军将大□告身……大大虫皮衣赵眉丘。"节度设节度使，为最高长官，都督是最高军事长官，均由大军将兼任，由南诏王直接任命。节度使和都督既行使地方行政权又具有军事权，是这一地域的最高统治者。贞元十年，唐朝、南诏在点苍山立盟和好，这就又一次给南诏统治者带来了继续对外扩张的机会。贞元十一年（795），南诏麾军东向，攻下了被吐蕃控制已久的昆明城（今四川省盐源县），统辖了金沙江以北、雅砻江以西的部分地域，将其势力扩展到金沙江以北大渡河以南。南诏在北攻吐蕃之后，异牟寻时期又调兵南下银生地区（今普洱及西双版纳），把邻近尚未曾征服的茫天连（今孟连）、茫吐薅（今澜沧一带）、黑齿等十部落（今缅甸南禅邦），以及同区域的穿鼻蛮、长鬃蛮、栋峰蛮等部落全部征服。南诏国统治范围扩大，在南方地区，阁罗凤时已拓展到"银生黑咀之乡"，即今普洱及西双版纳地区。南诏将其南部疆界推向女王国（今泰国北部南奔府一带）以北。南诏前期，南诏在云南的西南地区，设置了开南节度和银生节度。开南节度府驻开南城，银生节度府驻银生城。南诏后期，撤除开南节度只设置银生节度，治今普洱、西双版纳、缅甸景栋、老挝北部地区及越南莱州一带。其中银生节度辖银生城（今景东）、开南城（今文井）、威远城（今景谷）、奉逸城（今普洱）、利润城（今勐腊）、柳追和城（今镇沅）、茫乃道（今景洪）、通镫川（今墨江）、河普川（今江城）、羌浪川（今越南莱州）、送江川（今临沧境内）、邛鹅川（今澜沧）、林记川（今缅甸孟艮）。相当于今普洱、西双版纳、缅甸景栋、老挝北部、越南莱州。

宋朝在大理国后期废除了节度和都督的军事辖区，对其他建置略做了调整，设置八府、四郡、四镇。八府，是除大理首府以外的善阐府（今昆明）、威楚府（今楚雄）、统矢府（即弄栋府，今姚安）、会川府（今会理）、建昌府（今西昌）、腾越府（今腾冲）、谋统府（今鹤庆）、永昌府（今保山）。其中，威楚府辖当箸赕（今景东）、威远赕（今景谷）、步日部（今宁洱）、思摩部（今思茅）、马龙部（今墨江）。今澜沧、孟连、西盟属永昌府。据《云南百科全书》录南诏文化研究会的成果，绍圣元年（1094），"金齿白蛮"夺取银生城，大理国改蒙舍赕为蒙舍镇，统开南、威远等地。大理王朝对银生等地的控制名存实亡。

元朝在至元十一年（1274）正式建立云南行省。随着云南行省的建立，在边疆民族地区路、府以下设置部族首领政权，实行"以土官治土民"的土司制度，封赠各民族首领以宣慰使、宣抚使、安抚使、诏讨使、长官等职，并在各少数民族聚居的府、州、县，设立土知府、土知州、土知县等土官职，使他们对本民族实行直接统治。中央王朝只要控制土长酋首，就可以实施有效统治。《元史新编》："至顺二年（1331），云南景东甸蛮官阿只弄遣子罕旺来朝献驯象，乞升甸为景东军民府，阿只弄知府事，罕旺为千户，常赋外岁增输金五十两，银七百两，许之。"在景东设军民府，景东府辖开南州（今文井）、威远州（今景谷）、干远州（今镇沅），元江府辖马笼他郎长官司、因远罗必甸长官司、普日部（今宁洱）、思摩部（今思茅）、步腾部（今普文）、步竭部（今宁洱境内）、设栖部（今元江墨江间）、你陀部（今元江墨江间）、罗丑部（今宁洱西部）、罗佗部（今宁洱西南）、台威部（今景洪北部）、台阳部（今小勐养），顺宁府辖木连路，车里总管府辖木来府（今勐海）。

明洪武十五年（1382），明朝大军平定云南。对边疆少数民族地区仍按原官授职，给予符印，准以世袭。《明史》载："洪武十五年，平云南，景东先归附……诏置景东府，以俄陶知府事，赐以文绮袭衣。"景东府为土流并设府，镇沅府设土官府，各土司及御夷府州只设土官。明洪武二十三年（1390），景东府置卫所，安排军屯，兼理民事，逐步实施改土归流，在距府城一定距离的关隘要冲之地设巡检司分治两处：一处是景东府北70里的三岔河巡检司，另一处是景东府北160里的保甸巡检司。景东府城设城堡，城北罗伽甸村、古地村设关哨，为军事要地。景东府北设景东驿，府城北60里设板桥驿，均为邮传驿铺。凡设巡检司、驿站、城堡之地，安置人户逐渐繁盛，后来发展成为集镇，而铺、哨及屯寨则发展成为村落。此时，大批汉族人口开始迁入景东，逐步改变了"汉少夷多"的状况。今普洱境内，景东府辖威远州（今景谷），镇沅府辖禄谷长官（今恩乐）、者乐长官（今新抚），元江府辖他郎寨长官司（今墨江）、普日长官司（今宁洱）、思摩甸长官司（今思茅）、钮兀长官司（今江城），顺宁府辖孟连长官司（今孟连、澜沧、西盟）、车里宣慰司。

清顺治十五年（1658），清兵入滇改明代承宣布政使司为云南行省，设总督。康熙三年（1664），调元江通判分防普洱。雍正五年（1727），者乐长官司改置恩乐县，隶属镇沅府。雍正七年（1729），置普洱府，实行"改土归流"，同年将车里宣慰司所辖澜沧江以东思茅、普腾、勐乌、乌得、整董、橄榄坝六版纳分出设普洱府，车里宣慰司亦隶属普洱府，仍辖澜沧江以西六版纳。同年，将普洱通判移驻思茅，又在思茅兼设攸乐同知。雍正十三年（1735），设思茅厅、宁洱县。乾隆三十一年（1766），设迤南道一员，驻普洱城，巡普洱、镇沅、元江、临安四府。乾隆三十二年（1767），因迤南道与普洱镇总兵同城，地广事繁，外接边境，有兵民交涉事件，故迤南道加兵备衔。乾隆三十五年（1770），元江、镇沅二府改为直隶州，隶属迤南道。原元江府他郎厅、镇沅府威远厅改由普洱府管辖，迤南道巡普洱、临安二府及镇沅、元江二直隶州。同年，普洱府在原辖区和车里宣慰司行政区划的基础上，设三厅、一县、一宣慰司，即思茅厅、威远厅、他郎厅、宁洱县和车里宣慰司。道光二十年（1840），镇沅直隶州改为镇沅直隶厅，撤销恩乐县并入镇沅直隶厅。光绪十四年（1888），顺宁府、镇边直隶厅、景东直隶厅由迤西道改隶迤南道，临安府改隶临开广道。迤南道巡普洱、顺宁二府及镇沅、元江两直隶州和景东直隶厅。同年，清政府派普定左营驻防勐烈，为勐烈设官之始。光绪二十一年（1895）六月二十一日，中法签订《续议界务专条附章》，把普洱府所属的勐乌、乌得割让给法国，并入法属地老挝版图。光绪二十八年（1902），勐烈左营管带改为勐烈弹压委员，军政兼辖。

3 民国时期建置概况

民国2年（1913），裁府留道，府、厅、州一律改为县。县以下分防佐治。废普洱府后，改迤南道为滇南道。次年，改滇南道为普洱道，观察使改称道尹，并将道尹公署移驻思茅。原属迤南道的顺宁府、元江直隶州改为县，仍归普洱道管辖。宁洱县改名为普洱县，景东、镇沅、镇边直隶厅改为景东、镇沅、镇边县（后改为澜沧县），思茅、威远、他郎厅改为思茅、威远（后改为景谷）、他郎（后改为墨江）县。其行政区域为宁洱、思茅、墨江、元江、新平、景东、镇沅、景谷、澜沧、缅宁县及普思沿边行政区，勐烈弹压委员改为行政委员，亦归普洱道辖。此外，将思茅厅所属版纳及攸乐土目等地划设普思沿边行政总局，下设车里、勐遮、勐混、大勐笼、勐腊、易武、普文、官房八个行政区。

民国14年（1925），普思沿边行政总局改为普思殖边总办公署，所属政区设置不变。

民国18年（1929），国民政府废除道的建制，实行省县两级制，各县直隶于省。鉴于云南省西南地区各县界连越南、老挝、缅甸，涉外事务繁多，国防边防地位重要，云南省政府废普洱道后，特在宁洱设立云南省第二殖边督办公署，处理涉外事务，同时兼办行政。云南省政府正式批准将原宁洱、墨江、元江三县所属的插花地划出设江城县；原象明县划归镇越、江城、普文三县；芦山县改名为六顺县。以澜沧县上改心、缅宁县四排山两县佐原管辖区域设双江县，设立车里、佛海、五福、六顺、镇越、普文、江城七县和临江设治局。同年，云南省第二殖边督办公署辖区为双江、澜沧、车里、五福、佛海、镇越、宁洱、思茅、六顺、普文、江城县及临江、勐丁两行政区。

民国23年（1934），云南省政府推行县、区、乡（镇）、闾、邻制。

民国27年（1938），废除闾邻制，整编保甲，推行县、区、乡（镇）、保、甲制。《国民政府组织纲要》规定 10 户为甲、10 甲为保、10 保为乡（镇），15～30 乡（镇）为区。甲设甲长；保置办公处，设正副保长；乡（镇）置乡（镇）公所，设正副乡（镇）长；区置区公所，设正副区长。

民国 29 年（1940），根据国民政府及云南省民政厅的有关文件，县以下行政区划设置，在原有区、乡（镇）、保、甲的基础上，废区扩大乡（镇），整编保甲，推行县、乡（镇）、保、甲制。

民国 30 年（1941）2 月，在宁洱建立云南省第一区行政督察专员公署，辖宁洱、思茅、景东、景谷、镇沅、六顺、江城、澜沧、缅宁、双江、车里、佛海、南峤 13 县及宁江、沧源两个设治局。

民国 31 年（1942），更名为云南省第四区行政督察专员公署，辖区未变。

民国 35 年（1946），云南省第四区行政督察专员公署改为云南省第七区行政督察专员公署，辖宁洱、思茅、江城、镇越、车里、佛海、南峤、宁江、六顺、澜沧 10 县。墨江、镇沅、景东县属云南省第六区行政督察专员公署辖区；景谷县属云南省第九区行政督察专员公署辖区。

4 中华人民共和国成立之后隶属沿革

1949 年 3～4 月，中国共产党领导的迤南边区人民自卫军第一支队先后解放宁江、澜沧等县后，成立澜沧区专员公署，辖区内设置澜沧、上允、东朗、溯涛、孟连5县，作为过渡性质的人民政权。1949年8月1日，在宁洱成立思普临时人民行政委员会，辖宁洱、墨江、思茅、六顺、景谷、景东、镇沅、缅宁、双江、沧源、车里、佛海、南峤、镇越、江城、澜沧、宁江、上允、东朗、孟连20县。1949年12月，根据思普临时人民行政委员会决定，撤销澜沧区专员公署及所属5县，恢复澜沧县、宁江县，隶思普临时人民行政委员会。

1950年4月16日，奉云南省人民政府令，思普临时人民行政委员会改为云南省宁洱区人民行政专员公署，辖宁洱、思茅、墨江、六顺、景谷、景东、镇沅、车里、佛海、南峤、镇越、江城、澜沧、宁江、沧源15县。1950年7月28日改为云南省普洱区行政督察专员公署。

1951年1月1日，宁洱县更名为普洱县。

1952年1月1日，改为云南省人民政府普洱区专员公署。同年，沧源划归临沧专区。

1953年1月23日，车里、佛海、南峤、镇越4县及江城县整董乡、六顺县整糯区、思茅县象明区及普文区的部分乡村划出成立西双版纳傣族自治区（后改为自治州）。1953年3月28日，经政务院批准，云南省普洱区专员公署改为云南省思茅专员公署（于1955年5月由普洱迁至思茅），辖普洱、思茅、墨江、六顺、景谷、景东、镇沅、车里、佛海、南峤、镇越、江城、澜沧、宁江14县。与此同时，专署将车里、佛海、南峤、镇越县及江城县整董乡、六顺县整糯区、思茅县象明区和普文区的部分乡村划出，成立西双版纳傣族自治区（政务

院 1954 年 9 月 11 日批准），受云南省人民政府领导与思茅专
署指导。思茅专区行政区域为普洱、思茅、墨江、景东、景
谷、镇沅、澜沧、孟连、江城 9 县。1953 年 5 月，撤销澜沧
县，成立澜沧拉祜族自治区；撤销宁江县，所属新营盘、雅口
两区划归澜沧拉祜族自治区，勐往、勐康两区划归勐海县。
1953 年 7 月 1 日，撤销六顺县，其辖区除整糯区划归西双版纳
自治区外，余部并入思茅县。全区县级行政区设置为思茅、普
洱、墨江、景东、景谷、镇沅、江城 7 县和澜沧拉祜族自治
区。

1954 年 5 月，撤销江城县，成立江城哈尼族彝族自治区。
1954 年 6 月，从澜沧拉祜族自治区划出的孟连、南卡两区成
立孟连傣族拉祜族佤族自治区。至此，思茅专区有思茅、普
洱、墨江、景东、景谷、镇沅 6 县及江城哈尼族彝族自治区、
澜沧拉祜族自治区、孟连傣族拉祜族佤族自治区 3 个县级自治
区。

1955 年，江城哈尼族彝族自治区、澜沧拉祜族自治区、
孟连傣族拉祜族佤族自治区均改为自治县，全区共有 9 个县。
1955 年 3 月 10 日，于墨江、红河、元江三县结合部，设立六
村办事处（后成立禄春县），墨江县坝溜区的 7 个乡划归其管
辖。

1956 年 6 月，经批准划出澜沧拉祜族自治县西盟区，成
立西盟佤族自治县筹备委员会，思茅专区县级区划由 9 县增为
10 县。

1957 年 2 月 14 日，新平县那洛、那壮、和平、靛坑、勐

真 5 个乡划归镇沅县；镇沅县金厂、邦迈、平寨、库独木 4 个乡划归新平县。10 月 19 日，经国务院同意，撤销思茅专员公署，将其辖区分别划归邻近地区，但未实行。

1958 年 11 月撤销思茅县，其行政区域并入普洱县。

1959 年 1 月，撤销镇沅县，县属勐大、振泰、里崴、田坝、杏城、古城 6 个公社并入景谷县，恩乐、文龙公社划归景东县，新抚、团田公社划归墨江县，德安公社划归普洱县，者东公社划归玉溪专区新平县。思茅专区县级行政区划为普洱、墨江、景东、景谷、江城、澜沧、孟连、西盟 8 县，西双版纳傣族自治州整董乡划归江城哈尼族彝族自治县。

1961 年 3 月 1 日，恢复镇沅县建制，以原划归景谷、景东的 8 个公社为镇沅县行政区域。

1964 年 8 月 18 日，国务院批准恢复思茅专区。

1965 年 3 月 5 日，西盟佤族自治县正式建立。至此，全区县级行政区划为普洱、墨江、景东、景谷、镇沅、江城、澜沧、孟连、西盟 9 县。

1967 年 3 月 24 日，中国人民解放军昆明部队按中央有关指示对地方机关实行军事管制，进驻思茅专区机关，成立思茅专区军事管制委员会，行政区域不变。1968 年 9 月 13 日，成立思茅专区革命委员会。

1969 年 9 月 10 日，经思茅专区革命委员会批准，普洱县红武镇改为专区直辖镇，成立思茅专区红武镇革命委员会，行使县级革命委员会权力。1969 年 11 月 29 日，红武镇改名为思茅镇，普洱县南屏公社划归思茅镇管辖，全区县级行政区划在原来 9 县基础上增设 1 镇，为 9 县 1 镇。

1971 年，思茅专区改称思茅地区，思茅专区革命委员会改称思茅地区革命委员会。

1978 年 5 月 9 日，云南省通知撤销思茅地区革命委员会，恢复云南省思茅地区行政公署。

1979 年 2 月，正式恢复思茅地区行政公署，其行政区域同前。1979 年 7 月 30 日，经国务院批准，撤销墨江县，在原墨江县辖区成立墨江哈尼族自治县。

1981 年 5 月 9 日，国务院批准恢复思茅县。

1985 年 12 月 15 日撤销普洱县，建立普洱哈尼族彝族自治县；12 月 20 日，撤销景东县，建立景东彝族自治县；12 月 25 日，撤销景谷县，建立景谷傣族彝族自治县。至此，全区 10 个县中，除思茅、镇沅 2 个县外，其他 8 个县均为民族自治县。

1987 年 2 月，经中共云南省委、云南省人民政府批准，将红河县三村、垤玛两区（面积 363.8 平方公里）及墨江哈尼族自治县那哈、龙坝两区（面积 456 平方公里）共 4 个区的行政区域划出，设黑树林区工作委员会和区办事处（副县级建制），以便加强对这一地区工作的领导，黑树林区工委由墨江代管。

1988 年 7 月，按中共云南省委通知，撤销黑树林区工作委员会，所辖 4 个区仍归原划出县管辖。

1990 年 2 月 3 日，国务院批准撤销镇沅县，设立镇沅彝族哈尼族拉祜族自治县。1993 年 3 月 25 日，国务院批准撤销思茅县设立思茅市，行政区域不变。1998年11月4日第九届全国人民代表大会常务委员会第五次会议通过《中华人民共和国村民委员会组织法》，思茅地区村级体制改革开始，至2000年12月全面完成村民委员会选举工作。至此，思茅地区辖9县1市，121个乡（镇）（其中，民族自治乡13个，镇28个），995个行政村（其中，村民委员会991个，街道办事处4个）。

2003年10月30日，国务院下发《关于同意云南省撤销思茅地区设立地级思茅市的批复》，同意云南省撤销思茅地区，设立思茅市。原县级思茅市行政区域为翠云区行政区域。思茅市辖普洱哈尼族彝族自治县、墨江哈尼族自治县、景东彝族自治县、镇沅彝族哈尼族拉祜族自治县、景谷傣族彝族自治县、江城哈尼族彝族自治县、孟连傣族拉祜族佤族自治县、澜沧拉祜族自治县、西盟佤族自治县和新设立的翠云区。

2006年1月20日，云南省人民政府《关于调整思茅市十个县（区）部分乡（镇）行政区划的批复》批准，翠云区撤销云仙彝族乡和震东乡，设立新的云仙彝族乡，辖原云仙彝族乡和震东乡行政区域范围。普洱哈尼族彝族自治县撤销把边乡，其行政区域并入磨黑镇；撤销凤阳乡，其行政区域并入宁洱镇。墨江哈尼族自治县撤销碧溪乡、双龙乡和忠爱桥乡，将原碧溪乡、双龙乡和忠爱桥乡的曼平、曼嘎、新联3个村委会所辖行政区域并入联珠镇，并将原忠爱桥乡的丙蚌、回龙、民兴3个村委会划归通关镇。景谷傣族彝族自治县撤销钟山乡，其行政区域并入威远镇；撤销边江乡，其行政区域并入永平镇。景东彝族自治县撤销永秀乡，其行政区域并入大朝山东镇；撤销者后乡，其行政区域并入文井镇。镇沅彝族哈尼族拉祜族自治县撤销三章田乡和者东乡，设立者东镇，辖原者东乡和三章田乡行政区域范围；撤销里崴乡，其行政区域并入勐大镇。江城哈尼族彝族自治县撤销红疆乡，其行政区域并入勐烈镇。孟连傣族拉祜族佤族自治县撤销南雅乡，其行政区域并入娜允镇。澜沧拉祜族自治县撤销勐朗镇、东朗哈尼族乡和谦迈乡，将东朗乡与勐朗镇合并，设置勐朗镇，并将谦迈乡看马山、布老、包麦地3个村委会划归勐朗镇；撤销糯扎渡乡，设立糯扎渡镇，并将谦迈乡竜山、谦迈、落水洞3个村委会划归糯扎渡镇；撤销新城乡，其行政区域并入谦六彝族乡。西盟佤族自治县撤销西盟镇和莫窝乡，设立勐卡镇，辖原西盟镇和莫窝乡行政区域范围。

2007年1月21日，国务院下发《关于同意云南省思茅市及相关县区更名的批复》，同意思茅市更名为普洱市，普洱哈尼族彝族自治县更名为宁洱哈尼族彝族自治县，思茅市翠云区更名为普洱市思茅区。普洱市辖思茅区和宁洱哈尼族彝族自治县、墨江哈尼族自治县、景东彝族自治县、镇沅彝族哈尼族拉祜族自治县、景谷傣族彝族自治县、江城哈尼族彝族自治县、孟连傣族拉祜族佤族自治县、澜沧拉祜族自治县、西盟佤族自治县。至此，普洱市辖1区9县，103个乡（镇）（其中，镇30个、乡61个、民族自治乡12个），居民委员会42个，村民委员会995个。

二　普洱史迹

1　诸葛系列是传说还是历史？

普洱到处都有与诸葛亮有关的地名和事迹传说，如说思茅、洗马河、孔明兴茶、傣族竹楼等。而了解三国历史的人都知道，诸葛亮在建兴三年（225）征讨南中，兵分三路，春天从成都出发，秋天会师滇池，接着就凯旋班师，返回成都。作战区域主要在今天的大理、楚雄、曲靖、昆明、昭通，并没有到过上述传说中的地方，因此这些传说并不是历史，但这些传说背后蕴藏着历史。

诸葛亮被西南地区少数民族所认可

这是边陲与中心在经济、政治、文化诸多方面融合的结果，虽然三国时期的诸葛亮并没有被神化，但后来随着历史的发展，受中原文化的传播与地方文化的浸润，诸葛孔明逐渐与地方民俗、民间文化相结合。据普洱学者的考证，孔明被神化的原因主要有：一诸葛亮南征，是为了安定后方，而不在于攻城略地，所以才有七擒七纵。他促进了南中地区的开发和经济社会的发展，给西南地区少数民族带来了实惠，当地人认可孔明的治理，尊敬他、怀念他，以至于把许多与之有关或无关的事都附会于他。二元末明初以后，《三国演义》成书并广为流传，作为小说中的正面人物，诸葛亮在明清之后慢慢被神化。又因为在现实中很少存在体察民情、带给百姓福祉的官员，这更使广大百姓对诸葛亮越发怀念，故而诸葛亮的故事流传日广。三元朝灭亡后，明朝统治者为了政治需要，渲染诸葛亮的事迹，将传说变成信史；同时，随着大量汉族士兵及家眷进入云南少数民族地区，这些传说也就广为传播，使原来零星的有关诸葛亮的传说得到更大、更广的宣扬，并逐渐成为一个系统。

"孔明兴茶"背后的历史

近年来，随着普洱茶的兴起，"孔明兴茶"之说也就被各种媒体和论著广泛传播。"孔明兴茶"见于清代檀萃所著《滇海虞衡志》："茶山有茶王树，较五茶山独大，本武侯遗种，至今夷民祀之。"但诸葛亮没有到过现今的南糯山，所谓"武侯遗种"并非历史事实，而是后人的攀附之说。那么到底是什么时候攀附的呢？据云南地方史专家林超民教授考证，檀萃著《滇海虞衡志》的时间在嘉庆四年（1799），因此"武侯遗种"的传说和当地祭祀茶王树的风俗当在18世纪中叶以后。而18世纪恰恰是普洱茶开始在茶叶市场中脱颖而出，"名重于天下"的时期。名声大振的普洱茶，售价渐高，利润渐大，成为云南税收的主要来源之一，也成为当地茶农和外来茶客赖以致富的重要源泉。道光《云南通志》卷八《普洱府风俗》说，当地民众"衣食仰给茶山"。檀萃说："此滇之所以为产而资利赖者也。……可谓大钱粮矣！"为保证茶叶生产兴盛、茶叶贸易繁荣，便逐渐产生了对茶、茶树的崇拜。这就是为什么祭祀茶树的风俗直到清嘉庆年间才见于记录的缘故。此时的诸葛亮在云南已经成为许多美好事物的创始者，把茶树的来源归之于诸葛武侯的传播，不仅是给当地茶树的来源找到国家认同的依据，而且提高了边陲的茶叶在中原的地位，对于渴求"大钱粮"的当地茶人和外来茶客，诸葛武侯无疑是大家乐于攀附的对象。

武侯诸葛孔明像

　　滇缅边境被称为"小诸葛""小孔明"的明末大西军将领李定国

　　明王朝被李自成推翻后，清军入关，南明永历元年（1647），大西军进入云南。1655 年，李定国把永历帝护送到昆明。顺治十五年（1658）十二月，清军分三路入滇，永历帝离开滇都昆明西奔。李定国率部殿后，退至怒江西岸磨盘山设伏以待清军，不料因奸细告密失败。李定国率军走腾越，过南甸，至勐定，从三宣六慰，转战勐腊等地，联络诸土司，聚集力量，待机而起。永历十五年（1661）十二月，永历帝被吴三桂自缅甸引渡回滇，于次年四月被杀。李定国得知永历帝死讯，愤郁成疾，卒于勐腊。李定国转战勐腊等地，与当地土司民众建立了良好的关系，结下深厚情谊。当地人称他为"汉王""诸葛亮""孔明"。他病逝后，土司和民众在勐腊为他建立坟茔，在坟茔旁建汉王庙，纪念他在当地关爱民众、发展生产的功德。驰名中外的普洱茶六大茶山都在西双版纳，其中五座茶山在勐腊。享誉世界的"茶王树"就在勐海的南糯山、巴达山。这里正是李定国率领大西军余部转战的地方。由此推测，孔明兴茶故事中所谓的"孔明"，也许就是被称为"小诸葛"的汉王李定国将军。

2　土司制度与改土归流

　　"因俗而治""以夷制夷"是中国历朝统治者制定和推行民族政策的主导思想，土司制度是这种思想指导下的一种具体政策，始行于元代，历经明、清两代，相沿达 500 余年。以今天普洱市来看，元明清三代设置的土官土司主要有：孟连宣抚司，司署在今孟连县城，元至元二十六年（1289）设立；威远蛮栅府，府署在今景谷傣族彝族自治县威远镇，元至元二十九年（1292）设立；景东土知府，府署在今景东县城，元至顺二年（1331）设立；镇沅土知州，州署在今镇沅县按板镇，明建文四年（1402）设立；马龙他郎甸长官司，元朝始设，其范围不断变化；钮兀长官司，领地在今江城一带，明宣德八年（1433）设立；木嘎土目，领地在今江城一带，设立年代不详；六顺土司，领地在今普洱市思茅区六顺乡，清雍正元年（1723）设立；整董土司，领地在今江城一带，雍正十年（1732）设立。

土司制度在招抚和安定少数民族、维护国家安定和统一、减缓民族矛盾和摩擦、促进边远地区经济文化发展等方面均发挥了重要作用。同时，这种制度也存在着不可克服的弱点和弊端：土司割据一方，尾大不掉，反叛无常；为争夺承袭权和统治权，土司们彼此仇杀不断；土司集权，残酷欺压、剥削土民；隶属不划一，难于统摄。故明代就曾在部分地区改土归流，但不普遍。清代，雍正帝采纳云贵总督鄂尔泰的建议，并任命他为云南、贵州、广西三省总督，大规模推行改土归流。鄂尔泰采取招抚和镇压相结合的策略：一是在广西、四川、湖南等地采用招抚政策；二是在云贵两省因土司反叛而大规模用兵，先将四川的乌蒙、东川、镇雄三土府划归云南，再实行改土归流，平定叛乱。在此期间，清军曾经滇南深入到澜沧江下游，以江外归车里宣慰司，江内地区全部改流。雍正二年（1724），威远土知州刀光焕被革职，威远改土归流，次年设威远抚夷清饷同

知，隶镇沅府。雍正四年（1726），镇沅府改土归流。雍正七年
（1729），鄂尔泰奏准在云南南部设立普洱府，将划归元江府管
辖的澜沧江以东12个地方分别建立宁洱县及思茅厅、威远厅、他
郎厅，澜沧江以西的六版纳仍归车里宣慰司管辖，但统属于普洱
府。民国时期虽令取消土司制度，但土司特权仍然存在，形成土
流兼治局面。中华人民共和国成立后，土司制度彻底废除。

孟连宣抚司署

3　反抗剥削与压迫：少数民族起义

蝙蝠洞会盟起义

前清普洱府督学吴应枚曾写有《滇南杂诗三十首》，其中一
首提到："井卤煎熬抵海沙，斧形半破或如瓜。年来鹾政清于

水，无复惊心普洱茶。"此诗说，迤西南多盐井，从盐井中提卤水煎熬成块，和海边晒出的散盐一样，近来盐政清廉似水，不会出现使人惊心的普洱茶事件了。这到底是怎么一回事呢？

18世纪，随着普洱茶销量逐渐增加，普洱一带茶商云集，这些茶商低价收购茶叶，再贩运出去获取重利，商人的盘剥令茶农愤怒，商人的重利又让官府眼红。于是，清政府于雍正七年（1729）在思茅设立总茶店，由官方垄断茶叶销售，但普洱府总兵李宗膺和知府佟世荫，多次以巡边之名，到茶山搜刮，最终导致雍正十年（1732）五月二十二日，普洱拉祜族、傣族等少数民族在芒坝河蝙蝠洞会盟起义。起义民众反对流官横征暴敛，并以木刻为信号，联络各地民众共同反清，推举茶山土千总刀兴国为首领。一时"千余众围攻思（茅）城……震惊全滇"。云贵总督方其倬闻讯后，急调迤东、迤西官兵，令临安镇总兵董芳统一节制，兵分两路，一路由董芳率兵3200人从元江进攻，一路由大理提督蔡成贵率官兵800人从大理南下增援思茅。七月两路清兵在宁洱会合，总兵董芳令游击韩云鹏向南水箐进攻，派游击王先向勐先进剿，围攻义军据守的回竜；令守备到倚象，配合土把总刀第到整董堵截义军退路；提督蔡成贵由宁洱直下解思茅之围。义军被迫转入山区，顽强抗击，逾时两年失败。清政府镇压起义后，为了缓解民怨，不得不采取抚绥政策，在此后的一百年间里，普洱地区的茶叶生产有了极大的发展，茶叶贸易繁盛。

刀如珍起义

清雍正二年（1724），镇沅改土归流，朝廷委派威远同知刘宏度署理镇沅知府，刘借机敲诈勒索，给平民百姓带来沉重负担。雍正四年（1726）冬，威远、镇沅等地的傣族、哈尼族、拉祜族民众在山中秘密集会，推举镇沅傣族土目刀如珍为首领，雍正五年（1727）正月十七日，义军夜袭镇沅府，杀死守城清军，放火烧毁府衙，擒杀刘宏度。

威远牛肩山起义

清嘉庆元年（1796）二月，威远牛肩山（今景谷民乐大村）一带的拉祜族民众在杨扎那带领下举行抗暴起义，后遭镇压，杨扎那牺牲。嘉庆二年（1797），牛肩山民众又在杨扎杜的率领下再次起义。清军重兵镇压，杨扎杜率领起义民众向缅宁（今临沧）转移，后到达缅宁大黑山一带，联合当地的佤族、布朗族袭击缅宁城。

澜沧下改心起义

清嘉庆四年（1799）九月，上改心（今双江）一带的拉祜族民众不堪清政府的重赋和地方土司的剥削压迫，在李文明的率领下举行起义。此时，下改心（今澜沧）的拉祜族人也揭竿而起，在李老小率领下到上改心与李文明会合。这次起义遭镇压后，余众向澜沧、威远、镇沅一带转移。嘉庆七年（1802）一月，澜沧发生饥荒，拉祜族民众 2000 余人在杨金、李伙头、罗小二率领下，突破清军封锁，渡过澜沧江，攻下三圈、六顺等土司领地。

田四浪起义

清咸丰三年（1853），哀牢山大旱，而衙门官吏、地霸豪绅依旧催粮逼债，横征暴敛，激起民众反抗。镇沅哈尼族田四浪联络召集团田、新抚、通关、古城、恩乐、九甲、者东、德安等地的哈尼族、彝族、傣族民众起义。起义持续 16 年，义军转战各地，最后控制的区域已与大理杜文秀回族起义军连成一片，总面积达 4 万多平方公里。

这些反抗暴政与剥削的义举，反映了少数民族群众不畏权势、勇于斗争的精神，也为后人管理边疆少数民族地区提供了经验教训。

4 斑鸠汛与绿营兵

斑鸠汛在普洱市思茅区北部，山顶上是一片缓坡地，从山顶往下坡走，就是茶马古道通往昆明的必经之路斑鸠坡，山脚下即那柯里。思茅蝙蝠洞起义后，新继任的云贵总督尹继善，为安抚普洱府辖内的少数民族，采用和抚与驻兵弹压并举之策，他在给雍正皇帝的《筹酌普思元新善后事宜疏》中提出十六条呈，其中一条就是在斑鸠坡驻兵扎营。雍正十三年（1735），清政府就在斑鸠坡设立了斑鸠汛。

除斑鸠汛外，清代在普洱的绿营兵，据光绪《普洱府志》的记载，所设汛塘有：

一是普洱府宁洱县普洱镇中营，设有：小江汛、西萨汛、蛮谷汛，东路勐先卡、等角汛，南路头塘、猛海田塘、追栗河塘、那柯里塘，西南那圈塘、猛泗塘、阿况塘，西路山神庙塘、困索塘、酒房塘、山神庙卡，西北圈岗塘、西萨顶塘、铁厂河塘、蛮谷顶塘，北路厥箕坝塘、茶庵塘、土地塘、磨黑塘、松丫塘、孔雀屏塘、通关哨塘、弯腰树塘、上把边塘、下把边塘、漫戛河搪、通关镇塘、茅稗地塘、化竹箐塘。

二是思茅厅普洱镇右营，设有：那莫田塘、斑鸠坡汛、倚象关、水碓河关、永靖关、东北土地塘、斑鸠坡塘、坡脚塘、西北北庙塘、麻栗坪塘、那莫汛塘、隔界塘。

三是威远厅威远营，设有：猛往汛、猛戛关、茂蒐汛、抱母汛、斗母汛、课里汛、暖里汛、东路课里顶塘、暖里顶塘、一碗水塘、猛乃塘、东南大海资塘、小海资塘、赵家村塘、大湾子塘、猛戛塘、瘴气河塘、南京河塘、拦马河塘、高寨塘、平寨塘、景谷塘、黄土坡塘、大坡头塘、龙潭塘、独木塘。

四是他郎厅普洱镇左营，设有：邦轰汛、宿南汛、阿墨汛，东路水癸塘，南路蚂蝗塘、黑龙塘、斑丫法塘、乾龙塘、布固塘，西路小猛连塘、布竜塘、鱼凫塘、挖岩塘、谷麻塘，骂泥街卡、界址皮卡、坤勇厂三卡、獐差寨卡、东川寨卡。

5 道路交通：贡象道路与茶马贸易

普洱在历史上就是通往东南亚的交通要道，也是中外文化交流的通道。但民国以前，普洱境内既无公路，也无运输机械，交通主要靠驿道来实现。其境内主要的茶马驿道有：（1）昆洛驿道，上通省城贯通全省连接内地，下往边疆经周边国家，转向东南亚各国。其路线为：从思茅北上，经普洱、磨黑、通关、墨江、元江、青龙厂、杨武、峨山、呈贡至昆明；从思茅南下，经普藤坝、官坪、勐养、车里、佛海、打洛，然后从打洛出境经缅甸到景栋；另由墨江、元江、石屏、建水、蒙自、曼耗与滇越铁路相接，连通越南。（2）弥宁驿道，贯通4个县，连接滇缅公路通向省会，从思茅经宁洱、景谷、镇沅、景东、南涧、弥渡与滇缅公路相接，然后从弥渡、下关、中甸、德钦与西藏驿道相连。（3）思澜驿道，从思茅向西南行，经整碗、翠云、糯扎、火烧寨、油榨房、锦章至澜沧，从澜沧雪林乡出境可至缅甸腊戍，从澜沧至孟连、芒信出境至缅甸万霍道，由澜沧至西盟出境与缅甸大道小径相接。（4）思江驿道，从思茅向东南行，经倚象坝、石膏箐、曼克老、营盘山、阿树至江城，由江城、李仙江坝溜渡口顺江而下至越南莱州，直达港口海防，从江城勐康村出境与老挝丰沙里通道相接。（5）思易驿道，从思茅向南行，经黄草坝、高酒房、勐班、补远、补冈、倚邦、曼拱、曼乃至镇越（易武）。

除茶马古道外，还有贡象道路，亦即从今天的缅甸至京城贡象所走的道路，分为贡象北道和贡象南道。北道经永昌府（今保山地区），南道则主要经过思普地区。林超民教授在对《马可波罗行纪》进行考证后指出，马可波罗在云南游历的路线正是从成都经贡象北道南下，然后自金齿（永昌及其以西地区）入缅甸到蒲甘王国境内，最后又从贡象南道折回成都。缅甸人喜欢贡象，这是他们与中原王朝建立友好联系，获得巨大经济回报的捷径，但云南人苦于贡象，这是一个苦差事，所以古时若让谁去给皇帝送象，当贡象使，则此人多半是得罪了当权者而获此隐形惩罚的。因为贡象路途遥远难行，大象行走缓慢，一路风餐露宿，还要负担这些庞然大物的吃喝，不能有所闪失，否则难逃欺君之罪。

普洱茶马驿道

6 义学与书院

　　义学与私塾，主要是从事小学教育，又称蒙学教育，所招收的人均为未成年的孩童。义学也称义塾，旧时靠官款、地方公款或地租设立，对象多为贫寒子弟，免学费。所以私塾与义学的不同之处在于义学不收费，而私塾要收费。清代，今普洱地区的景东、镇沅、普洱、墨江、思茅等县均先后兴办义学。据旧志记载，设置义学最早的是在清康熙四十年（1701）设立的景东府龙泉寺义学，直到清光绪二十三年（1897），先后设义学82馆。当然，清代思茅厅所办的义学，招收对象并非民间孤寒子弟。因当初此地汉民少，而傣族弟子全在寺庙中颂佛经和学傣文，加之清初颁布云南土司世袭办法，其中一条原则性条件即土司袭位者必须接受学校教育，否则不得承袭，所以这里的义学主要是招收当地土司头人及相对殷富家的孩童。

从私塾和义学结束学习的少年，要进入更高一级的机构继续学习，为适应科举的需要，从中央到地方各级府衙都设有官学（庙学），官学由封建朝廷直接举办和管理。由于官学只设立于各级行政中心所在地，仍难以满足需要，于是私人办学的书院应运而生。书院始见于唐代，发展于宋代。最初，书院为民办的学馆，明清时期，书院为官府控制，成为主要的教育机构和科举应试的准备场所。云南的书院发展滞后于内地，普洱一带的开发就更晚了。明弘治年间，当时直隶于云南布政司的景东府（现普洱市景东县），设立了一所明志书院。万历十五年（1587），尹学孔在景东创办了新城书院。清代，今普洱市范围内创建的书院都是地方政府设立的，计有景东开南书院、景东凌凤书院、宁洱普阳书院、宁洱凤鸣书院，光绪二十二年（1896）移址并分别更名，计有宏远书院、镇沅碧松书院、恩乐文明书院、思茅玉屏书院、思茅思诚书院、他郎道南书院、他郎联珠书院、威远凤山书院、威远钟山书院。

庙学完全围绕科举考试开展教育，教学以背诵应考经典为主要内容，以练习写八股文为基本项目。而书院则强调理解领悟和躬行，培养学高有能之人。光绪二十一年（1895），任迤南兵备道的陈灿为宏远书院设立著文，说："普洱地处极边，异族窥伺，乃谋以讲学立教之大作，维挽世道人心之本。……他日保障南陲，共戴尊亲。"当时的宏远书院已存藏了《无师自通英语》《算学启蒙》《兵船炮说》《行军测绘》及《万国史记》《海国图志》等新书，这就是书院与庙学之别。

7 程含章、刘琨：从边陲到中心

程含章（1762～1832），又名罗含章，字月川，景东人，因其先祖"佐官吏捕杀土寇，惧祸，改姓罗"。乾隆五十七年（1792）乡试中举，嘉庆五年（1800）被派往广东封川署理知县，上任后因体察百姓疾苦，被称为"罗青天"，后因前任知事尚未了结的盗案牵连而遭革职。嘉庆九年至十三年（1804～1808）期间，他因出海捕盗有功，先后出任广东化州、连州知州。嘉庆十四年（1809），奉调署理雷州海防同知。嘉庆十七年（1812），升任粤北重镇南雄直隶州知州。嘉庆二十四年（1819），升任惠州知府。此间因勤政为民，又有"万家佛座"之尊称。随后升任山东兖沂漕道，尚未到任，再升为山东按察使。道光元年（1821），升河南布政使，他提出"欲治河南，必以治（黄）河为先务"的见解，同年升任广东巡抚，入觐时，"面奏请复姓，许之"。此后，程含章先后任过山东巡抚、江西巡抚。道光四年（1824），召署工部左侍郎，主持治理淮河工程，时人称他"勤力有方略，尤明习郡国水利"，次年改任浙江巡抚。道光六年（1826），调往山东，后因疏劾浙抚刘彬士失职不实，降为刑部员外郎。次年改任福建布政使，后"以病乞归"。道光十二年（1832），病故于景东。程含章为官所到之处劝农桑、兴水利，备受百姓拥戴。捕海盗、治河务水利，有勇有谋亦有智，而得统治者赏识。政余之暇，勤于读书著述，精于文墨，著有《读鉴辨正明伦》《岭南集》《续岭南集》《山左集》《中州集》《江右集》《冬官集》《潞储集》《之江集》《月川未是稿》等。在外为官，仍不忘桑梓，以积蓄在景东置义田，建庙宇，修整桥梁道路，创建河东船渡，捐资编修《景东直隶厅志》。

刘琨

刘琨（1804～1886），字玉昆，号辒斋，景东人。清道光十二年（1832）恩科中试亚元；道光二十二年（1842）考取恩科进士，授翰林院编修。曾任湖南学政，转补翰林院侍讲学士、内阁学士兼礼部侍郎、兵部右侍郎，调补户部右侍郎、工部右侍郎、国史馆副总裁和经筵讲官、太仆侍卿、江南正考官、内阁学士、文渊阁直阁事、湖南巡抚等职，也曾受屈罢官，但始终为人耿直，不畏权贵。刘琨书法颇负盛名，但不轻易挥毫。他重视地方文化传承，寻觅昆明钱沣遗作，刻成《钱南园遗集》留与后世。光绪十一年（1885），刘琨卒于长沙，遗著有手稿 8 卷，后人辑为《刘中丞奏稿》。

官至巡抚的人并不少见，但程含章、刘琨等从边陲走向中原，以入世的态度为官、做事、研学、修技，在现实生活中实现自己的价值，既能从边裔之地融入中原主流，亦能以儒家正统影响边疆文化，堪为后人的榜样，也值得今人学习。

8 思茅正关：海关的设立与裁撤

中华人民共和国成立后，普洱一度隔绝了与外国的通商业务；改革开放以后，又逐步恢复了对外贸易和交往。1985 年，普洱被国家列为甲类一级开放城市，1991 年被列为通向东南亚国家开放的省级口岸，之后思茅港被列为国家一级口岸。1999 年，思茅海关正式在思茅城区人民东路 5 号开关挂牌。此时，距上一次思茅开关已经过去了一百余年。

晚清以来，英、法等国力图通过各种条约订立通商条例或章程，开辟商埠，思茅是最早开展对外贸易和设立海关的城市之一。光绪二十一年（1895），法国为打开云南大门，倾销货物，掠夺原料，强迫清政府签订《中法商务专条》，将思茅开辟为通商口岸。次年八月，法国在思茅设立领事馆。光绪二十三年（1897），思茅关正式开关，海关司署设于今天的天民街，并订立《开办思茅正关通商章程专条》十款，规定思茅关东界在东门外接官厅处，南界在南门外校场坝。同时对边界贸易、货到报关、土货到卡验内地税厘票单、查验货物、税项、税单等方面做了详细规定。面对法国取得的一系列通商权力，英国也不甘落后，亦在光绪二十三年签订《中英续议缅甸条约附款》，规定思茅对英国开放。

作为法越、英缅的通商口岸，思茅海关自设立后，海关司署税务司，有 28 年都由外国人担任，海关实权也一直由外国人掌握，思茅厅同知只为名誉监督。民国 15 年（1926）开始起用中国人，一律不用外国人。1942 年，日本军国主义发动了太平洋战争，占领了越南、老挝、缅甸，阻隔了一切商业贸易，思茅海关由于业务减少，从正关降为分关。此后由于连年战争动乱，海关入不敷出，最终在 1948 被裁撤。

9 班洪抗英与佤山抗日游击队

1895 年，法国借口调处中日战争有功，迫使清廷将原属车里宣慰司管辖的勐乌、乌得两地划归法属越南，签订《续订界务专条附章》。当地人民反对清政府的割让，是年 7 月 19 日，法军突然进占勐乌、乌得，各族人民愤然撤离，以空室清野进行抵抗，并决心武装抗击，后因走漏消息而失败。1909 年又爆发汉族、傣族参加的反对法国侵略军的武装斗争，使法国侵略者无法立足。这是思普及其沿边反抗侵略的先声。

今沧源佤族自治县的班老、班洪阿佤山区，近代属思普地区管辖。班洪银矿丰富，英国殖民者对其垂涎三尺。1927 年他们非法进入此地秘密勘探矿藏，1933 年开始修筑通向矿区的公路，1934 年 1 月派兵侵占班洪和班老等部落地区的银矿。1934 年 2 月 8 日，震惊中外的班洪抗英事件爆发。班洪王与班老王邀集周围部落，武装抗击英军。英国侵略军侵占班洪银厂的消息传到思普地区，乡绅李希哲组成西南边防民众义勇军，5 月 16 日义勇军由景谷出发，26 日抵达班洪。此期间，班洪、班老虽被英军炮毁十余村寨，但仍坚持斗争，终于在兄弟民族的支援下击退了入侵者，收复了失地。

　　1942 年，日本军队占领缅甸，继而进犯云南边境，占领腾冲、龙陵后，又从滇缅南段未定界进犯佤山地区，并多次派飞机轰炸思茅、景洪，与占领贵州独山的日军相呼应，对云南省城昆明形成夹击之势，企图东西并进，占领昆明、贵阳，打通京滇公路，控制整个大西南，迫使在重庆的蒋介石投降，抗战处于最危急最困难的时期。1944 年夏，景谷县爱国进步人士罗正明到佤山地区组织 500 余人的抗日武装，进驻佤山，与西盟佤族土司会晤，达成团结一致共同抗日的共识。1945 年 2 月，第十一集团军将这支武装改名为佧佤山抗日守备第二支队，同年，部队改称佧佤山区抗日游击队，下辖 5 个大队，罗正明任司令员。佧佤山区游击队在酒亮击溃日军，收复失地，声威远播。

10　吕志伊与普洱晚清留日学生

　　今南京市长江路，有一座纪念中国第一个民主共和政府的历史性建筑——南京总统府。在总统府大厅的历史陈列展览中，有一位来自云南思茅的辛亥革命先驱——司法部次长吕志伊（字天民）。云南普洱市思茅区，有一条街道名叫天民街，当地人专门命名此街并将此名保留至今，是为缅怀和纪念出自家乡的辛亥革命先驱吕志伊先生。

　　吕志伊（1881～1940），字天民，原名占东，别署侠少、旭初、金马，光绪七年四月二十日（1881 年 5 月 17 日）出生于云南思茅。1900 年中举，1904 年官费赴日本早稻田大学政治经济科学习。1905 年 6 月，吕志伊追随孙中山先生加入同盟会，成为中国同盟会最早的成员之一，并被推举为同盟会总会评议、云南主盟人。1906 年参与创办《云南》杂志及姊妹刊《滇话报》，宣扬革命。光绪三十四年（1908），孙中山发动河口起义，吕志伊、杨振鸿等在日本发起组织云南独立大会，声援河口，被清政府通缉。之后赴缅甸，为仰光《光华报》总主笔、《进化报》主笔。1911 年，孙中山发动广州起义，吕志伊负责草拟法令檄文，保管印信密件。广州起义失败后，他赴上海任《民立报》主笔。1911 年 7 月，他与宋教仁、陈其美等创建同盟会中部总会。武昌起义爆发后，他奉黄兴命赶赴云南策应，云南光复后，出任云南都督府参议。民国建立后，他被孙中山任命为南京临时政府司法部次长，后任同盟会驻沪机关部副部长、《民国新闻》总编辑。翌年被选为第一届国会参议员、宪法起草委员会委员，并参加"二次革命"和反袁斗争。1915 年奉孙中山命回昆明，策动护国运动。1917 年，孙中山在广州组织护法军政府，他任司法部次长。1919 年建议中华革命党改名中国国民党后，他历任广州军政府司法部次长、内政部次长、代理内政部部长等职。1922 年 9 月任中国国民党改进案起草委员会委员，后担任中国国民党中央参议。1923 年 4 月起，担任广州大元帅府大理院院长兼管司法行政事务。从 1928 年起一直担任国民政府立法委员。1940 年病逝于昆明。

吕志伊是中国近代的著名人物，也是云南留日学生中著名的民主斗士。清末新政开始后，废科举、办学堂，全国陆续创办了一系列高等学堂、师范学校、中等学校、小学、专业学堂及女子学堂。但新学人才的缺乏成为制约近代教育发展的主要因素，为积累和培养人才，清廷诏令各省选派学生留洋，学成后根据具体情况赐进士、举人出身，并令选派八旗子弟出洋留学。

光绪二十八年（1902），云南派出首批留日学生，到宣统末年，云南留日学生约达数百人。这些学生出国前大多受过正规的儒学教育，代表了当时云南学生的较高水平。由于云南是中国西南的国防重镇，英、法环伺，严重的亡国、亡省忧患意识促使他们"多以救国自任"，大多没有按照中央及地方当局的期望发展，纷纷走上了资产阶级民主革命的道路，主张推翻清王朝的腐朽统治。在当时普洱府的留日学生中，除了吕志伊外，见诸记录的还有赵家珍、刘钟华、黄毓成、李彝伦、庾恩锡、庾恩旸、吕占严、段雄、陈凤鸣、苏澄、何汉、金在镕、段宽、李伟等。

11 庾氏三兄弟与云南近代化

庾恩荣（1878～1953），字臣尧，年20时，父母双亡，克承父业，立意经商，并抚育诸弟成长，清末在昆明登仕街开设荣庆和商号，往来京、沪、汉等处经商，并赴日本考察过商务。他重义轻财，曾任墨江旅省同乡会会长，常资助在省城的墨江学生和同乡，还投身政界和社会活动。1929年任富滇银行总办和云南省整理金融委员会委员，1930年任中国红十字会昆明分会会长，1949年当选为省参议员。

庾恩旸（1884～1918），原名恩赐，留学日本时改名恩旸，字泽普，别号墨江、枫渔。清光绪二十八年（1902），考入普洱府中学堂，次年被选送入昆明高等学堂。1904年考取日本留学生，入振武学校，加入同盟会。毕业后到广岛第五联队炮科练习，期满入陆军士官学校学习。1909年奉调回滇，任云南陆军第十九镇炮队第十九标教练官，参与筹办云南陆军讲武学堂。后调任炮队第一营管带，仍兼讲武堂教官。重九起义，与唐继尧率军攻打云贵总督署。后任云南军都督府参谋部部长、云南北伐军总参谋长。贵州平定后，任贵州都督府参谋长兼军务处处长，筹办贵州讲武学堂兼校长，代理贵州都督。1912年10月任民国总统府军事咨议官，补授陆军少将。后随唐继尧回昆明，任云南陆军讲武学校校长及都督府高等顾问，授陆军中将衔。1914年5月，任警备总司令部总参议官，7月任开武将军行署参谋长。1915年1月，以开武将军行署参谋长身份，任普防巡阅使。1917年任第三卫戍区总司令，7月张勋复辟，云南组成靖国军，庾恩旸兼任联军总司令部参赞。1918年2月18日，庾恩旸在联军总司令部贵州毕节行营被刺殒命，死后被民国政府追授为陆军上将。著有《云南首义拥护共和始末记》《中华护国三杰传》《护国军神蔡公传》《再造共和唐会泽大事记》《云南北伐军援黔记事》《云南普防巡阅管见录》《庾枫渔诗集》。

庚恩锡（1886～1950），字晋侯，号空谷散人，由长兄庚恩荣抚养成人，随长兄经商，为驻沪分号经理。1920 年已经在上海创建了南方烟草公司，并以昆明园林名胜和历史典故为产品牌号，定名"唐梅""金马""护国门""翠湖""五九"等。1922 年，独资创办云南第一家亚细亚烟草公司，所生产的"重九"烟，即为纪念其兄庚恩旸领导云南辛亥重九起义。1939 年独资开办凤仪金丹矿。庚恩锡喜爱园林建筑，曾经留学日本攻读园艺，在建筑方面的代表作是庚家花园那幢全部用石头垒成的别墅，名曰"磊楼"，无论是从造型还是从建筑工艺看，都算得上是昆明近代建筑史上的精品。此外，他还致力于政界和其他社会活动。1916 年 8 月任云南水利局副司务长，同年 11 月任局长。1929 年任昆明市市长。

庚氏三兄弟在办商号、建立近代工业，学习现代科学技术，汲取西方文化，参与政务、金融等方面都颇有建树，他们在商界、军界、政界所做的努力改变了云南的传统社会，是云南早期近代化转型中的代表。

12 复兴镇史话：疟疾与瘟疫

普洱市思茅区有个思茅镇，思茅镇有复兴农贸市场、复兴商店、农业银行复兴支行等以"复兴"命名的地方，因为思茅镇过去曾叫复兴镇。据资料记载，思茅镇始设于民国 2 年（1913），于民国 24 年（1935）改为复兴镇，1949 年 10 月改为复兴区，1958 年改为复兴镇。这期间究竟发生了怎样的灾难，思茅又是怎样从浩劫当中复兴起来的呢？

清代思茅是边境重镇，长期是道尹公署和行政公署所在地。清乾隆、嘉庆年间，商贾云集，兴盛一时。光绪二十一年（1895）前后，思茅被辟为通商口岸，设立海关，人口剧增。清末民初时，思茅在商贸方面获得了很大发展，有"银思茅"之美称。同时，这里气候温暖潮湿，微生物、细菌繁殖迅速，地形复杂多变的茂密丛林里散落着众多民族村寨，这里还和东南亚众多国家山水相连，多边居民来往频繁而紧密，因此也是传染病复杂和多发的老疫区，有多种恶性传染病流行的历史，其中又以疟疾为最，很多史志都提到关于思茅及其周边地区疟疾流行给中央政权所带来的困扰。

宣统三年（1911）和民国7年（1918），思茅两次出兵勐海景真和澜沧新营盘平息少数民族起义，士兵感染疟疾，大量死亡。起义平息后，士兵民团返回思茅，带入了传染病源。从民国8年（1919）起，思茅开始流行疟疾，百姓死亡惨重，并向其他各县迅速蔓延，导致思茅地区疟疾大流行并延续30余年，成为云南省"瘴疠最著之区"。为避疟疾，民国15年（1926），道尹公署迁到普洱（今宁洱），思茅县署迁到倚象坝。恶性疟疾传染进入高峰期后，百姓大量死亡。民国22年（1933）时，思茅城区人口为1046户，3152人，到民国38年（1949），全城只有390户，1000余人。外来商旅望而却步，商业贸易江河日下，一落千丈。民国24年（1935），政府将思茅镇改为复兴镇，希望它从灾难中走向复兴，但疟疾疫情肆虐，仅靠改地名是不可能实现复兴的。

　　中华人民共和国成立后，随着国家对边疆地区的重视，思茅开始了全面的自我更新和社会发展。由于当时思茅的疟患失控，传染病的防控成为当时进行边疆建设的第一步。1949 年 10 月，思茅镇改为复兴区。从 1950 年起，思茅成立了卫生防疫委员会，组建了人民卫生院，建立了疟疾防治所。伴随着全国爱国卫生运动的开展，按照中央"预防为主"的方针，国家组织卫生人员深入疟区进行实地调查摸底，摸清了思茅疟疾的病因和传播渠道，进行了针对性的预防和治疗。经过近十年的努力，形成了以抗疟为中心的公共卫生体系，告别了过去疟患流行酿成的悲剧，边疆各民族人民的生命安全和健康得到了保障，社会经济建设有了长足进步。1958 年，思茅复兴区再次改为复兴镇，这时的思茅才真正担起了"复兴"的名号。

三 普洱民族

1 民族概况

普洱是一个民族成分众多的地区，截止到 2013 年，总人口约 254.3 万人，其中少数民族人口 155.1 万人，约占总人口的 61%。境内有汉族、哈尼族、彝族、拉祜族、佤族、傣族、布朗族、回族、白族、瑶族、傈僳族、苗族、蒙古族、景颇族 14 个世居民族。在众多的少数民族中，人口超过 10 万的有哈尼族、彝族、拉祜族、佤族、傣族 5 个民族，人口超过 1 万的有布朗族、回族、白族、苗族、瑶族 5 个民族，其余民族人口均在万人以下。

普洱市各民族分布呈大分散、小聚居、多民族杂居的状态。从总的情况来看，民族众多且分散而杂居，但在一定区域内又呈现出相对集中聚居的情形。在全市 10 个县（区）中，有 9 个少数民族自治县。从民族区域自治的类型看，既有单一民族自治县，也有多民族自治县。少数民族大多自成村寨，构成了众多的民族乡、民族村、民族寨，形成较为浓厚的民族特色。

虽然普洱地区少数民族众多，民族成分复杂，但在长期的历史发展过程中，各民族都能共生共存，和睦相处，团结友爱，共同发展，谱写了可歌可泣的历史篇章，形成了休戚与共、血脉相连、难以割舍的民族关系。特别是中华人民共和国成立后，新型的社会主义民族关系得以确立，民族团结进一步巩固，少数民族干部和各方面的人才迅速成长，民族经济和民族文化有了巨大的发展，社会稳定，边疆巩固，各民族间团结平等，共谋发展，谱写了社会主义民族关系的新景象。

普洱自古以来就是众多民族共生的地区。其产生和存在的原因，主要有以下几个方面：一是少数民族迁徙多。普洱地区在早期是无人居住的蛮荒之地，后来因内地人口繁衍增多，遂不断向人口稀少的普洱地区迁徙。加之古代和近代社会中的民族纷争，导致失利的少数民族或支系迁移到生存竞争相对较小的普洱地区。到元、明、清时期，中央政府在加强对普洱地区行使管辖权后，官员、官兵及其家属与游食商贩大量进入，其后代基本都留居当地。随着时间的推移，普洱各县（区）以及乡镇，基本上都成为移民城镇。这是普洱地区多民族杂居、共生共存的客观背景。二是普洱因移民而兴。因大量少数民族迁徙普洱地区，形成了多种文化的交流碰撞，一方面各民族保存了自身特有的民族文化，另一方面对其他民族文化也采取了兼容并蓄的包容观念，这是普洱地区多民族杂居、共生共存的文化心理。三是无任何强势少数民族。在长期的历史发展过程中，普洱地区从来没有哪个民族绝对强势，足以控制区内所有民族，也没有产生绝对强势的民族文化。即使在元、明、清时期，中原汉族文化进入后，也未能完全主导或左右普洱地区各民族文化的发展变化。汉族文化不过是丰富了普洱地区民族文化的内容。这是普洱地区多民族杂居、共生共存的历史原因。四是长期处于封闭状态。明代实行土司制度，清代进行了改土归流，但既不完全又不彻底，导致土司制度及其残余势力长期存在，造成若干小聚居区域的少数民族长期处于封闭、半封闭状态，形成了事实上的地方割据、半割据局面。这样，一方面有利于维系各少数民族传统文化的延续和传承，另一方面在面临外来势力威胁时，容易形成一种合作联盟。这是普洱地区多民族杂居、共生共存的社会现实原因。五是特有的地理环境。普洱地区各世居民族因迁入时间先后和力量大小等因素，形成了傣族、汉族、回族、白族等生活居住在坝区，哈尼族、拉祜族、佤族、彝族、布朗族、苗族、瑶族、傈僳族等生活居住在山区、半山区，并有各自的势力范围，彼此均有足够的生存空间，没有出现相互难容、彼生此亡的局面，各民族都可以共生共存。

中华人民共和国成立前，普洱地区的世居民族经历了不同的社会发展阶段：汉族、哈尼族、内地彝族、回族、白族、蒙古族等民族，已经进入封建地主制经济发展阶段，封建土地租佃关系已经确立；傣族和景谷、思茅、澜沧一带的布朗族，处于封建农奴制经济发展阶段；佤族、瑶族、傈僳族、苗族、景颇族等民族和边远山区的彝族、拉祜族，尚处于原始氏族制度瓦解向阶级社会过渡的时期，内部尚未出现阶级分化或阶级分化不明显；大部分拉祜族、墨江一带的布朗族等，因受汉族影响较大，已进入封建地主制经济阶段；一些城镇中资本主义生产关系虽已出现但很弱小，并非主导。总之，直到20世纪50年代初期，普洱地区各世居民族处于不同的社会发展阶段，民族与民族之间、同一民族内部不同支系之间社会发展极不平衡，经济社会发展缓慢，生产力水平低下，与外界联系较少，与内地交流不多，商品意识和商品观念欠缺，商品经济极不发达，呈现出一种封闭、半封闭的自然经济状况。中华人民共和国成立后特别是改革开放以来，在党和国家的关怀帮助下，普洱地方经济社会快速发展，发生了翻天覆地的巨大变化。

2 主要世居民族

汉族

普洱地区有汉族991585人①，约占总人口的39%。

汉族进入普洱地区，最早可追溯到汉、晋时期。但大量的迁入，则是在明朝以后。明朝时，随卫所而来的官兵和家属以及一些汉族官吏、商人、手工业者与发配充军的囚徒，他们在普洱留居下来，成为较早进入普洱的汉族。明朝以前进入普洱的汉族，因人数较少，大多被当地少数民族所同化。明朝以后，由于汉族大量的涌入，汉民族的特点才得以保留，汉族才真正

---

① 此数据为2013年数据，以下各少数民族人口的数据同为该年度数据。

成为普洱地区的民族之一。到了清朝，随着改土归流的实行，中央政府对边疆少数民族地区的控制加强，同时内地到边疆地区逃荒谋生的人数增多，普洱地区汉族人口大量增加。中华人民共和国成立前后，一大批地下革命工作者、边纵指战员、解放军官兵以及支援边疆开发和建设的干部、工人、教师、技术人员、医务工作者等从内地来到普洱地区，并且大都留居下来。他们当中，绝大多数是汉族。20世纪六七十年代，在知识青年上山下乡运动中，到普洱地区的知青也有部分留居下来。改革开放以后，从内地到普洱地区的汉族人口又有了较大增加。

汉族进入普洱地区，带来了内地先进的生产技术和生产工具，促进了普洱地区与内地的社会交流和政治、经济联系，打破了普洱封闭落后的状况，促进了普洱地区经济社会的发展进步，促进了普洱地区各民族之间的相互融合与共同发展。

哈尼族

普洱地区有哈尼族454666人，全市各县（区）均有分布，主要分布于墨江、澜沧、江城、宁洱、景谷、镇沅等县。有碧约、卡多、爱尼、布都、腊米、阿木、卡别、切弟、布孔、海尼、西摩洛等支系，新中国成立后，根据本民族意愿统一称为哈尼族。

哈尼族源于古代的氐羌系统。《尚书·禹贡》中记载的西南民族"和夷"、《史记·西南夷列传》中记载的"巂"，当是哈尼族的先民。唐朝初期，"和蛮"部落曾多次向唐朝廷贡献方物。南诏崛起后，"和蛮"隶属于南诏，南诏37部之一就包括了墨江一带。公元10世纪中叶，"和泥"曾配合南诏通海节度使段思平摧毁了大义宁国。两宋时，"和泥"归附于大理国。元朝时，在云南行省统辖之下。明朝改云南行省为云南布政司，在哈尼族聚居区实行土司制度，设立各部长官司。明代在军事上实行卫所制度，大兴屯田，从江西、江苏等地迁移人口充实边疆屯垦，有不少汉族进入哈尼族地区，对哈尼族经济社会发展产生了较大影响。清初，"和泥"头人龙韬与其他各族人民一起举行反清斗争。失败后，清政府在哈尼族地区实行改土归流，促进了封建地主制经济的确立。

中华人民共和国成立前，普洱地区的哈尼族基本上进入封建社会，但各地哈尼族经济社会发展却不平衡，墨江、宁洱、景谷、景东、镇沅等内地县的哈尼族已进入封建地主制经济阶段，而江城、澜沧、孟连、西盟等边疆的哈尼族仍处于封建领主制经济阶段。

彝族

普洱地区有彝族421052人，主要聚居于景东、镇沅、景谷、宁洱、江城等县，主要有阿列、蒙化、香堂、倮倮泼、聂苏、拉乌、所都等支系。

彝族历史悠久，自古以来就居住于西南地区。其先民是与氏羌有渊源关系的"昆明人"。从西汉到魏晋时期，云南境内的居民主要就是"昆明人"。到了唐朝，爨氏兴起，后来分裂为东爨、西爨。东爨居民称为"乌蛮"，就是今天彝族的祖先；西爨居民称为"白蛮"，就是今天白族的祖先。乌蛮部落散居于山谷间，畜牧业较发达；白蛮地区土地肥沃，农业和商业较发达。公元8世纪左右，在哀牢山北部和洱海地区出现了六个势力强大的乌蛮部落，称为"六诏"，其中蒙舍诏地处最南部，称为"南诏"。南诏在唐朝帮助下灭了其他五诏，统一了云南。南诏王皮遇阁被唐朝中央册封为"云南王"。大理国时期，统治民族是白族，但所属居民包括了彝族在内的许多民族。元代设云南行省，纳入中央直接统治。明代在彝族地区实行土司制度，彝族首领被授以各级土官。清代实行改土归流，但在部分边远彝族地区土司制度仍然保留。

拉祜族

"拉祜"是用一种特殊方法烤吃虎肉的意思。拉祜族称虎为"拉"，称在火边把肉类烤到发香的程度为"祜"，所以拉祜族被称为"猎虎的民族"。在1953年澜沧拉祜自治县首届各民族代表大会上，根据本民族的意愿，正式称拉祜族，并赋予新的含义："拉"即大家拉起手来，代表民族的团结；"祜"为"福"的谐音，意即幸福。所以，"拉祜族"意即团结幸福的民族。

拉祜族在古文献中被称为"倮黑"，自称有拉祜纳、拉祜西等。另外，经过民族识别，认定苦聪人属于拉祜族。普洱地区共有拉祜族303937人，主要聚居于澜沧、孟连，其他各县（区）也有分布。

拉祜族源于氐羌系统，远古时期生活于甘肃、青海一带，后来不断南迁。汉、晋时期，拉祜族居住于滇池流域，属"昆明人"的一部分，过着逐水草而居的游牧生活。公元4世纪中叶到8世纪中叶，拉祜族处于西爨控制下。南诏和大理国，对拉祜族的统属关系也比较紧密。公元10世纪以后，拉祜族脱离大理政权的控制，大规模向南迁徙，分东、西两路进行。东路顺哀牢山西侧和无量山东侧南下，西路经弥勒、巍山，渡澜沧江到达临沧，然后又迁到澜沧、孟连、勐海一带，形成了今天的分布状况。

佤族

普洱地区有佤族 150164 人，主要分布于西盟、澜沧、孟连等县。

佤族是一个有着悠久历史的民族，是普洱地区古老世居民族之一。其先民在先秦时期称为"百濮"，汉代永昌郡境内有众多的濮人部落。元初，在孟连设立木连路，辖境包括今澜沧、孟连、西盟等佤族地区。明清以后，文献中称佤族为"哈剌""古剌""哈瓦"等。清光绪十三年（1887），清政府在澜沧设置镇边直隶厅，通过土司统治佤族地区。在历史上，佤族受傣族影响较大，直到新中国成立前，许多佤族地区都受傣族土司统治。

普洱地区的佤族在新中国成立前还处于原始社会开始解体向阶级社会过渡的阶段。1950 年，红旗插上西盟阿佤山，佤族地区发生了翻天覆地的变化，直接过渡到社会主义社会。

傣族

普洱地区有傣族 144117 人，主要聚居于景谷、孟连、澜沧、江城等县，其他各县（区）也有分布。

傣族源于古代的百越。汉代文献中，称傣族先民为"掸""滇越"，魏晋时期称为"僚""鸠僚"，唐宋时期称为"金齿""银齿"，元明时期称为"白夷""百夷"，清代以后则多称为"摆夷"。东汉在哀牢山地区设置永昌郡，管辖傣族地区。唐宋时期，傣族各部统属于南诏、大理政权。元朝时，傣族地区属云南行省管辖，在景洪设立了彻里军民总管府。明朝时，孟连土司曾遣使携礼物进京朝贡，1406 年朝廷册封孟连土司为世袭长官司，赐冠带、印章。1570 年车里军民宣慰使刀应勐将辖区分为 12 个行政单位，傣语称为"西双版纳"（"西双"即十二，"版纳"意为一千块稻田）。从此有了西双版纳这一名称。清初推行改土归流，分别在景东、威远（景谷）、镇沅、宁洱等地设立流官。西双版纳当时属普洱府管辖。

在滇西南边疆地区的少数民族中，傣族是经济社会发展较为进步的民族。新中国成立前，普洱地区的傣族社会发展基本上都已进入封建农奴制经济阶段，部分傣族地区封建地主制经济已经确立。

其他民族

除了汉、哈尼、彝、拉祜、佤、傣等世居民族外，普洱地区还有布朗、回、白、苗、瑶、傈僳、蒙古、景颇等世居民族。

布朗族，总人口 15543 人，主要分布于澜沧、墨江、景谷等县山区。布朗族的古代先民是濮人，是中国最早种植茶的民族。布朗族的社会经济生活受傣族的影响极深。

回族，总人口 13221 人，主要分布于开发较早的内地县和交通要道沿线。虽然分布较为分散，但在各地都呈小聚居的状态。元代设立云南行省以后，回族才开始进入普洱地区。明清至近现代时期，都有回族迁入。回族信仰伊斯兰教，聚居地方一般都建有清真寺。

白族，总人口 13173 人，进入普洱地区的时间先后不一，且不是成批迁入，加之与其他民族杂居共处，故其语言、风俗习惯、宗教信仰等早已改变。

苗族，总人口 12727 人，主要居住于景东，是清朝中期贵州苗民起义失败后逃到云南，辗转迁至普洱地区的。苗族深居高山，经济社会发展缓慢。

瑶族，总人口 11072 人，主要为景东的乐舞支系和江城的蓝靛瑶支系，明清时期从两广逐渐迁居普洱地区。瑶族居住于山区，经济社会发展缓慢。

傈僳族，总人口 3946 人，主要分布于孟连，是清朝末年由保山等地迁移而来的。

蒙古族，总人口 600 余人，主要居住于镇沅，据说是元成宗的后代，属皇室后裔，元朝灭亡时逃奔云南，后来逐渐迁入普洱地区。当时为了逃避官府的追捕，不得不隐姓埋名，在服饰、语言、生活习俗等方面逐渐汉化。现在以农耕为主，不再以畜牧为主业了。

景颇族，总人口 200 余人，主要居住于孟连和澜沧，19世纪末期从德宏、保山、临沧等州、市陆续迁来。

除 14 种世居民族外，普洱地区还有少量的壮、满、普米、纳西、布依、侗、怒、土家等少数民族。这些少数民族人口基本上是由新中国成立后到普洱地区的干部、军人和技术人员构成。改革开放后，亦有一些少数民族从外地迁入普洱地区。每个民族的人数都不太多，其语言、风俗习惯等大多已经汉化，或与邻近的其他民族相同，本民族的特征已不显著，但都保留有自己的族别。

3　民族文化

哈尼族

哈尼族妇女

哈尼族人性格纯朴坦率，勇敢剽悍，具有热情好客、团结互助、尊老爱幼、文明礼貌、吃苦耐劳、以懒为耻等优秀传统美德。哈尼族信仰原始宗教，表现为万物崇拜、多神崇拜和祖先崇拜，认为有天神、地神、竜神、家神存在，并要定期祭祀，求其降福和保佑。

哈尼族有语言，无文字。哈尼语属汉藏语系藏缅语族彝语支。普洱地区哈尼族有多种方言。1957 年，党和政府为哈尼族创制了一套拼音文字，但未普及。

哈尼族的着装习俗是男子一般穿着对襟长袖衣，多黑色，下穿大裤裆长裤；不同支系的女子着不同式样和花色的女装。哈尼族的婚俗十分有趣，普洱市哈尼族支系繁多，在长期的历史发展中形成了投松毛、抢粑粑、打橄榄、牛屎迎亲和缠绵悱恻的"散爱"等奇特而有趣的婚恋习俗。丧葬为木棺土葬，不留坟堆，也不筑墓。墓地以丢鸡蛋的方式选择，鸡蛋烂在哪里，就在哪里挖穴。

哈尼族拥有独特的民族艺术，嘎尼尼就是一种自娱性舞蹈，它有多种跳法，主要有敬酒舞、手巾舞、筷子舞等，手持什么跳，就是什么舞，用铓锣或以竹筒杵地作为伴奏。男女舞蹈动作差异较大，女性含蓄、幅度较小，主要是转肩摆手颤蹲；男性则粗犷奔放，有翻滚踢打的动作。

哈尼族的"肉心水酥"是墨江、思茅、宁洱、镇沅等地的一道传统名菜，为宴客的必备菜肴，特点是泡酥、香甜，菜汤兼用。蚂蚱咸菜是墨江哈尼族别具风味的食品。豆汤米干即豆汤卷粉，是宁洱哈尼族的招牌饮食，也是普洱其他民族共同喜爱的早餐饮食，吃起来松软鲜甜，享誉东南亚国家。

彝族

彝族待人诚实，重义守信，对尔虞我诈之事深恶痛绝，对不守信义的人避而不交。彝族视偷盗为奇耻大辱，彝族村寨很少有东西被盗。彝族为多神信仰，盛行祖先崇拜和万物有灵，禁忌较多，普遍崇鬼信巫。巫师有毕摩和苏桌。自1918年基督教传入普洱后，一部分彝族信仰基督教。

彝族有语言和文字，彝语属汉藏语系藏缅语族彝语支。

彝族妇女

彝文在古文献中称为"爨文""夷文""倮文"等，俗称老彝文，新中国成立后统称彝文。

彝族的着装习俗是妇女喜穿白衬衣，外套青领褂，腰系绣花围腰，包黑、蓝两色包头，戴鸡冠帽，帽上镶钉银泡和响铃，包好后形如戴一顶厚沿帽。在婚俗中，彝族香堂人的无字情书、抹花脸、挂镜子和三接新娘是彝族婚恋中极富创意又十分有趣、热闹的婚恋习俗。无字情书以送盐传递则有缘分做夫妻，以送茶传递就只做朋友。用开关房门的程度表示对求婚者的态度。通过三接新娘，才知珍惜，才会恩爱和睦，白头偕老。彝族的丧葬习俗主要是火葬，从明代中叶以后逐渐实行土葬。现普洱地区彝族各支系，普遍实行土葬，只有难产、自缢、溺水等所谓凶死者才实行火葬。在寨外凶死者就地掩埋。30岁以前夭亡者不垒坟堆，年老死亡者才垒坟。

彝族文化艺术种类很多，三跺脚是彝族著名的歌舞形式，通常在晚上围成圆圈进行，由歌头领唱主词，众人跟唱衬词，并按一定的动作跺脚转圈，伴奏用葫芦笙和三弦的居多，也有用哔芦、唢呐和响篾等民间乐器的。常见的三跺脚有三脚笙、懒婆娘笙、苍蝇搓脚等26种舞蹈形式。彝族跳菜，是景东彝族蒙化人宴席时用掌盘出菜跳的一种舞蹈，一般由男性表演。跳菜人右手托举掌盘，左手挥动毛巾，踏着热烈欢快的唢呐节奏，舞之蹈之。以大号、长号、唢呐伴奏，时间不超过15分钟。杀戏表演一般从正月初三晚上开始，到正月十六小年烧灯结束。杀戏的剧目有酬神和娱人两种，唱腔带有明显的彝族方言的土语韵味和山歌特色，唱词多为有三、五、七字句结构，也有三、五、五字句结构,尾声是帮腔,道白与诵文近似。

另外,景东彝族每年立秋时还会举行群众性歌舞娱乐活动跳秋歌。该活动为期三天,场面很壮观,上千人又唱又跳,歌声震天,舞步动地。有的唱盘曲,你唱我和,从天盘到地,从古盘到今,少则盘半天,多则盘几天几夜;有的对山歌,男女相对,你问我答,不分胜负不收场,这是歌场最活跃、最引人的精彩部分。

彝族的风味美食有血肠、坨坨肉、肉冻等。血肠是彝族先民创造并传承下来的一道美味佳肴,吃起来口感圆润,味道鲜美,营养丰富。坨坨肉是彝族人逢年过节及招待贵客的招牌菜,肉块硕大,呈正方形,故称"坨坨肉",其口感细嫩,肥而不腻。冻肉或肉冻,是彝族较为讲究的一种菜肴,采用猪蹄和肘子制成,柔软可口,香味独特,是彝族人民十分喜爱的一种佳肴美食。

拉祜族

拉祜族人民勤劳、勇敢、淳朴、善良、诚实,待客热情,尊老爱幼。路遇老人要主动让路,老人来家里要让座,吃饭喝酒要先敬老人。关心爱护小孩,不歧视女婴。交往中不恶语伤人,不记冤仇,对说假话的人避而远之,不加理睬。具有团结互助、同甘共苦的观念,村寨中谁家有难,都

拉祜族妇女

相互救助。

拉祜族信仰万物有灵的原始宗教，奉大神厄莎为守护神，盛行多神崇拜、灵魂崇拜，巫师称为磨八。清初大理僧侣杨德渊和其弟子到拉祜族地区传播大乘佛教，所以佛教在民间一直有着广泛的影响。20世纪初，美籍牧师永伟里、永文生父子在拉祜族地区长期活动，所以也有部分拉祜族群众信仰基督教。拉祜族认为谷种是狗尾巴带来的，所以对狗十分爱护，他们不打狗，不吃狗肉。对尊贵的客人，以鸡肉稀饭招待。家中的火塘、铁三脚架等，外人不能乱动。

拉祜族有语言，拉祜语属汉藏语系藏缅语族彝语支，原来无文字。20世纪初，美籍牧师永伟里用拉丁字母编制了拉祜文，但未普及。新中国成立后，党和政府为拉祜族创制了一种比较科学、完整的拼音文字，并广泛推广。

拉祜族的着装习俗是男子平时戴圆形小帽，走亲访友用青蓝色布包头，着矮领短衣，穿大裤裆青蓝色布长裤；妇女穿长衣长裤缠包头，衣似长衫，斜开襟、长袖、高领，用银泡装饰，为有规则的几何图案。在婚俗上，拉祜族有水泼身、抢包头等婚恋习俗。小伙和姑娘相约到"味搓妈"（寡妇家）谈笑戏闹，若姑娘看上某个小伙子，就会用水将其全身泼湿，约其到山上幽会倾吐爱情。如果小伙子看上某个姑娘，就会把她的包头抢到手。若姑娘看不上小伙子，就会紧紧拽住包头不放，不让他抢去，抢去了也要设法要回。拉祜族的丧葬习俗是盛行火葬。清代以后，拉祜族社会完成了由游牧经济向农耕经济的过渡，转向定居生活，丧葬也由火葬向土葬转变。今天，拉祜族地区大部分实行土葬，少部分仍保留有火葬的习俗。

拉祜族人民善于歌咏而娴于舞蹈，传统乐器有芦笙、三弦，传统舞蹈主要为芦笙舞、摆舞，各地跳法多样。其中，芦笙舞是拉祜族舞蹈中最富民族特色的集体舞蹈，有83个舞蹈套路，4种类型，一般节庆时才跳。先由村寨长老在广场放有稻谷、玉米、甘蔗等物的篾桌旁向神祈祷。之后，全寨人便在吹芦笙人的带领下手拉手，围成圈，和着曲调边唱边跳，常常歌舞通宵达旦。电影《芦笙恋歌》中表现了这种舞蹈形式，该电影主题曲《婚誓》的原创地就在澜沧。近年来，澜沧县酒井乡老达保寨村民演唱的歌曲《快乐拉祜》有较大影响。

另外，拉祜族还流传有大量的民间口头文学，有神话故事、诗歌等，如史诗《牡帕密帕》、叙事诗《扎努扎别》等。

拉祜族的饮食有自己独特的方式，喜用鸡猪肉、瓜菜、菌子配大米或包谷做成稀饭。灌肠和猪骨头生是拉祜族最喜爱的风味美食，灌肠是将豆腐、肉及辣椒粉、草果粉、盐等拌匀后装入猪肠内，待风干或烟火熏干后食用。猪骨头生是把猪脊骨剁碎，拌以佐料，入土罐腌制食用。"剁生"是拉祜族年节的必备菜肴，取公猪或兽的鲜脊肉及护心血，与生姜、辣椒、韭菜根、香茅草、花椒、胡椒、草果、薄荷、橄榄皮、香料及食盐等配料一起剁碎食用，别具风味。

佤族

佤族人勤劳、勇敢、强悍，弩箭和长刀是每个佤族男子的随身之物。佤族有文身的习俗，嗜烟、茶、酒、槟榔。佤族水酒酿制特别，颇有名气。客人来了，以水酒相迎，煮鸡肉稀饭款待。

佤族姑娘

佤族普遍信仰原始宗教，表现为万物有灵、自然崇拜和祖先崇拜。佤族崇拜木依吉，认为它是创造万物的神。宗教祭祀活动频繁，最独特的是拉木鼓和砍牛尾巴。每次宗教活动前都要剽牛。

佤族语言属南亚语系孟高棉语族佤崩语支，普洱地区的佤族语言分为西盟、澜沧、孟连三个方言区，但差别不大。20世纪30年代，美籍传教士永文生曾为佤族设计了一种拼音文字，但并不完善，使用范围也不广。新中国成立后，党和政府为佤族创制了一种用拉丁字母拼读的新文字。

佤族的着装习俗是男子缠包头，穿短衣、裤短，尚黑色，青年戴项圈、手镯、个别穿耳戴线穗。妇女长发披肩，用藤圈或银箍束发，穿无领短衣、长裙或短裙，裙上为黑红相间的几何形图案。在婚俗上，佤族有"做梦定姻缘"的习俗。恋爱关系确定后，若梦见树林、鲜花、果实等为吉兆，可以结婚。若梦见山崩地裂、虎豹追赶、走路摔跤等为凶兆，不能结合。佤族丧葬实行土葬，每个寨子都有公共墓地，一般葬后不垒坟。尸体以一段原木凿空放入，夫妻不合葬。

佤族人喜歌善舞，历史上使用木刻记事和以物传意，有许多生动的神话故事和诗歌。常见的舞蹈有圆圈舞、舂米舞等，在各种舞蹈场合，木鼓和女子的甩发舞都颇具特色。佤族木鼓舞，由拉木鼓、进木鼓房、敲木鼓、祭木鼓四部分组成。每逢节庆，佤族男女老少都会穿戴一新，围绕木鼓房，随敲击木鼓的节奏，携手成圈翩跹起舞。西盟是《阿佤人民唱新歌》的原创地。

佤族非常喜欢吃辣椒、酸菜、臭豆豉粑粑。无论什么饭菜美食，都离不开酸辣风味。佤族最具特色的美食是鸡肉稀饭，是迎宾待客的美味佳肴，其味道鲜香、营养丰富、容易消化，是颇为其他民族所称道的佤族食品之一。

傣族

傣族人民勤奋上进，热情好客，文明礼貌，扶贫济困，乐善好施，注重睦邻关系。由于长期生活于温暖湿润的亚热带地区，傣族形成了谦虚和蔼、温和礼让、不争强好斗的民族性格。

傣族信仰南传上座部佛教，几乎是全民信教。佛教在傣族社会经济生活中影响较大，佛爷、和尚社会地位较高。男孩往往要到佛寺中当一段时间的小和尚，学习文化知识和做人做事的道理。

傣族有本民族的语言和文字。傣语属汉藏语系壮侗语族壮傣语支。普洱地区的傣族分为傣那、傣泐、傣绷、傣社毫

采茶的傣族妇女

四个支系，方言差距较大。傣渤文（西双版纳傣文）和傣那文（德宏傣文）在景谷、澜沧、孟连、江城、西盟等地的傣族、布朗族中使用较广；傣绷文仅限于澜沧上允傣绷支系中使用；傣社毫文只在江城土卡河一带的傣社毫支系中使用。其中，傣渤文使用年代最久远，被视为古傣文，较多的用于书写佛教经籍。

傣族有讲究卫生的良好习惯，认为寨貌不美是落后贫穷的象征，个人容貌不修是懒惰的表现。傣族村寨环境优美，竹木茂盛，古树参天，流水环绕，幽静迷人。傣族人从小喜欢沐浴，出门赶集或串亲访友，总要认真整饰面容和装束。对饮水和用水有一套严格的规定，不准随地吐痰，上竹楼和进入佛寺必须脱鞋。镶牙套、染齿和文身是傣族特有的习俗。傣族人喜欢吃剁生和酸、辣食物，嗜好喝茶和嚼槟榔。傣族生活中有一些禁忌，不许摸小和尚的头部，不许碰火塘和三脚架，客人不能坐门槛和进入主人卧室，不能摸和尚的帽子，不能踏着佛爷与和尚的影子。

傣族的着装习俗是景谷傣族男子头缠白头巾，节日戴毡帽，穿白布对襟衣、宽裆裤；女子着筒裙、宽袖敞领短衣，领口衬白布，喜白蓝黑三色。孟连傣族妇女穿无领左开襟短袖紧身衣，筒裙，颜色鲜艳，少女挽髻插彩塑头梳，已婚妇女包白色包头。傣族男子文身，图案有动物、花卉、佛经名言，傣族妇女均喜戴耳环、手镯。在傣族婚俗中，"吃小酒"是傣族青年男女定亲的一种习俗。男女青年经过谈情说爱，确定关系后，由男方将双方的亲戚朋友请到女方家吃饭，就叫"吃小酒"。吃过"小酒",男女双方就定下了终身,只等迎亲过门,结为夫妻。傣族的丧葬有土葬、火葬、水葬。一般正常死亡者行土葬,对于非正常死亡者,大都实行水葬,僧侣和地位较高的人死后实行火葬。葬后不垒坟,不立碑,后人也不重视对死者的祭扫。

傣族的风味菜肴丰富多彩,主要有酸肉、香茅草烤鱼、腌牛头脚皮、酸蚂蚁醋、知了肉圆子、凉拌蚁卵等。"酸肉"是用牛肉腌制后炒用,特点是酸香味浓,可帮助消化。"香茅草烤鱼"是在洗净的鱼腹中包裹上味道丰富的佐料馅,用芬芳的香茅草捆扎后,用芭蕉叶包裹,然后置于火上烧烤,这样烤出来的鱼清香鲜嫩,口感独特。"腌牛头脚皮"是传统的风味菜,是将牛头脚煮熟切块后加佐料入罐腌制半月而成,可蒸可炒,脆嫩酸香、麻辣清凉。"酸蚂蚁醋"是一种用野生黄蚂蚁做成的调料。黄蚂蚁体形较大,口器锋利,躯体里有一种酸液,傣家人把蚂蚁置入罐子或瓶子里,加食盐密封后,蚂蚁体腺里的酸汁就被浸渍出来,酸蚂蚁醋也就做成了,用于拌菜口感独特,让人胃口大开。"知了肉圆子"、"凉拌蚁卵"是孟连傣家风味独特的暑夏菜肴,其味鲜美爽口,且可驱暑气,和胃生津。

4 民族节庆

佤族木鼓节

木鼓节源于拉木鼓、跳木鼓、祭木鼓等隆重的剽牛献牛头等祭祀活动，是佤族历史宗教、传统艺术、礼仪服饰的集中表现。佤历"格瑞月"（即12月），是举行拉木鼓活动的时节。通常于前一天黑夜，由头人和魔巴（祭司）带人到选好的树下进行祭祀活动后，连夜把树砍倒，按木鼓所需尺寸截断树干，凿出鼓耳，系上藤条。次日清晨，村寨的男女老少便蜂拥上山拉木鼓，由魔巴手举树枝，领唱拉木鼓歌，指挥拉木鼓行进。男人一边拉，一边唱，妇女小孩随后在木鼓经过的地方泼洒水酒、呐喊助威，一路歌舞，直到把木鼓树材拉到村寨外的场地上。之后，再由魔巴组织祭祀，青年男女则聚在场地上，跳粗犷的木鼓舞、飘逸的甩发舞，唱动人的佤族情歌。2002年，西盟县确定了每年4月16～18日为西盟佤族木鼓节，以举办原生态歌舞晚会、剽牛祭木鼓、千人拉木鼓、祭拜司岗里、探秘龙摩爷、民俗风情和阿佤茶俗展演、工艺品及农副产品展销、佤部落篝火大联欢等活动推介宣传西盟。

西盟佤族木鼓节表演场景

佤族新米节

每年农历七八月间，佤族要分别过两次"新米节"。7月早稻开始成熟，过第一次"新米节"，称"尝新米"。8月稻谷成熟，过第二次"新米节"，称"吃新米"。新米节这天，主人要早起准备好过节的鸡猪牛肉，然后背上箩筐去地里割稻谷。途中，要注意聆听动物的叫声，如听到麂子或鸟的叫声，则认为不吉利，会马上返家，并将过节的日子往后推。若无异常，便会把采回的新谷献在神台前，用手把谷穗搓出谷粒，用锅炒干后，舂碓成米粒，撒上盐巴献在神台片刻后煮成饭，再舀出来放上鸡猪肉，献在神台上进行家祭，请"魔巴"念祈祷咒语，报请祖宗亡灵来尝新米饭，保佑家人平安。若无魔巴在场，主人就要对着神台"啪"地咂一下嘴，表示祖宗亡灵已经来吃过新饭。敬过神的新米饭，一定要让魔巴和家里的老人先吃，然后其他人才能分着尝一点，这是家祭的规矩。举行家祭期间，不许外人进家门，主人会让自家小孩在门外"放哨"，并婉言拒绝来人进屋。家祭仪式结束后，主人便会把自家过"新米节"的消息向全寨公开，邀请大家来过"新米节"。之后，村寨里的人就会陆续带着礼物来庆贺，一起欢度"新米节"。

佤族插种节

在阿佤山上，每当春耕季节，佤族人民便忙着开荒耕地，准备播种旱谷，同时会举行饶有风趣的"惹岛"，即"插种节"活动。这天，要修筑村中道路，打扫房屋内外卫生，青壮年组成几个小组，或上山猎物，或下河捕鱼，所猎禽兽鱼物，煮成稀饭，大家共享。如果猎到马鹿、野猪等，返寨时，人们都要到寨门口去迎接，唱猎歌。"惹岛"有全寨性和各户单独活动两种形式，全寨性的活动，要在寨中广场上剽牛一头，然后将牛肉切成块，按户各分一块。各户独自"惹岛"时，每家主妇要到自家的田地里，做些象征性的插种，傍晚，用泡好的水酒招待前来帮助修房办事的人，全寨男女老幼会聚集在火塘边，饮酒唱歌。

拉祜族葫芦节

每年农历十月初十，是拉祜族的"葫芦节"。相传，拉祜族的祖先是从葫芦里生出来的，所以把葫芦视为吉祥之物，并用葫芦做出了动听的乐器葫芦笙，传承了优美的葫芦笙舞。每年这一天，拉祜族人便杀猪宰鸡，穿戴上漂亮的民族服饰，带着自酿的美酒和糯米粑粑等特色食品，集中在村子的广场上跳表现四季劳作收获的摆舞、喜悦的芦笙舞，唱情歌，吟诵创世史诗，开始一年一度的庆祝活动。澜沧是全国唯一的拉祜族自治县，葫芦节是澜沧拉祜族最具代表性和充满独特魅力的传统节日。1991年11月，澜沧县政府决定，把传说中拉祜族祖先诞生的日子确定为拉祜族的葫芦节，并与自治县成立（1953年4月7日）的纪念日一同举办，时间是每年的4月8~10日。节日期间，拉祜族村寨都要举行供奉葫芦的仪式，开展歌舞娱乐和体育游戏等活动。男子吹奏葫芦笙、跳葫芦笙舞，女子敲打象脚鼓、跳摆舞，进行射弩和背水等比赛，老人们在火塘边吟诵创世史诗《牡帕密帕》。

拉祜族扩塔节

拉祜族的传统节日有扩塔节、月亮节和尝新节等，最隆重的是扩塔节。"扩塔"是拉祜语的音译，意为过年，时间与汉族春节同期，共持续9天。正月初一至初四为第一节，叫过大年，又叫女人年节，因为男子基本都上山打猎了。初八、初九为第二节，叫过小年，又叫男人年节，上山打猎的男子们满载而归了，所以要补过的年节，是"扩塔节"最热闹最隆重的日子，要开展一系列文体活动，通宵达旦地跳芦笙舞、摆舞，吟唱古歌。十三至十五为第三节，主要开展打秋千、打陀螺等活动。

拉祜族月亮节

月亮节是拉祜族的农事节日，拉祜语为"哈巴"，月亮的意思，在农历八月十五举行，是为祭献月亮为人们分出耕种节令，欢庆丰收的节日。祭礼在晚上月出时举行，各家挑选最好的瓜果作为祭品，用篾桌摆设，抬到祭山神的地方祭献月亮。在月光下，男女老少围坐在篾桌旁吃瓜果小吃，赛唱传统歌谣，跳芦笙舞、摆舞，尽情欢度节日。

苦聪人畲葩节

在苦聪人的创世传说中，勒爹是苦聪人的祖先，是他定海划河，分水疏流，垒山造地，拯救了混沌的世界，使之有山川河流，有万物生息的大地。而农历二月八日这一天，就是苦聪祖先完成拯救世界的日子，于是把这一天和对大树、对勒爹的崇拜集为一体，年年都举行隆重的祭拜活动，久而久之，便形成了苦聪人的传统节日畲葩节。活动内容有：传统祭祀活动、体育竞技、传统拼菜宴和篝火娱乐晚会等。

傣族泼水节

泼水节傣语叫"桑看比迈",意为新年,一般在 4 月 13 ~ 15 日之间,由于傣族群众在欢度新年佳节时,要相互泼水祝福,因此被称为泼水节,主要活动是祭祀拜祖、堆沙、泼水、丢包、赛龙船、放高升及歌舞狂欢等。泼水节期间,人们先要采鲜花绿叶到佛寺供奉,担碧澄清水为佛像洗尘,然后便相互泼水祝福。傣族普遍信仰小乘佛教,不少节日与佛教活动有关。

傣族神鱼节

孟连娜允镇是中国历史文化名镇,这里有个古老的民间传统节日,就是神鱼节。每年 4 月的傣族泼水节期间,当地傣族群众就从四面八方赶到娜允,在南垒河畔举行诵经拜佛祭祀神鱼的仪式,之后,开禁下河捕捞神鱼,南垒河上呈现出一派十分壮观和喜庆的场面。现在,神鱼节已被注入了更多的内容,届时,要举行节庆开闭幕仪式和诵经拜佛祭祀神鱼的仪式,组织民族歌舞展演和晚会,开展赛龙舟、斗鸡、斗鸟等传统文化娱乐活动。

傣族采花节

采花节在景谷永平镇的傣族中最为流行,在泼水节前一天举行。届时,傣族群众都要成群结队地到山上采摘各种鲜花,或捆扎成束、或编成花环、或做成花房,敲锣打鼓,举着彩幡,带着美食和鲜果到佛寺中敬献给佛祖,以祈求降福百姓,消灾避难,保佑平安。之后,在寺外进行丰富多彩的歌舞娱乐等活动。这一传统活动被当地群众称为"采花节"。

傣族关门节和开门节

关门节，傣语叫"豪瓦萨"，是傣族的传统节日，时间在傣历9月15日（在农历六月）。节日源于古印度佛教雨季安居的习惯，类似中原佛教的"结夏"。从关门节这天开始至"开门节"结束的3个月时间，为小乘佛教的安居斋戒期。这段时间，和尚在佛寺修学，接受供养，不外出巡游。信徒常去佛寺静坐参佛，听佛爷讲经传法，每隔一周用食物、鲜花、蜡条、银饰或纸币敬佛一次。从关门节开始，傣家人关上爱情和婚姻之门，全力投入生产劳动。

开门节，傣语叫"奥瓦萨"，时间在傣历12月15日（约在农历九月）。开门节，表示"关门节"期间的禁忌解除了，即日起，男女青年可以开始自由恋爱或举行婚礼。节日这天，男女青年盛装去佛寺拜佛，以食物、鲜花、蜡条和钱币敬献佛像，举行娱乐活动，主要内容有放高升、火花和点孔明灯、唱歌跳舞和环游村寨。

哈尼族十月节

十月节在每年农历十月的第一个辰龙日至申猴日期间举行，所以叫十月节，是哈尼族时间最长、内容最丰富的盛大节日，哈尼语称为"扎勒特"，即辞旧迎新的意思，历时5~6天。节日期间，有荡秋千、打磨秋、摔跤、对歌、舞蹈等文体娱乐活动，而最具特色、最为壮观是"资乌都"长街宴。

十月节的第一天称为"美首扎勒特"，是最热闹的日子。清晨，村寨被打扫得干干净净，人们穿上节日的新装，男人宰猪杀鸡，妇女舂粑粑、做团子，烹制美味佳肴。早饭家家户户都在门外杀一只大红公鸡，并就地煮熟后全家共用，不能拿进屋内食用。这天，在村寨的秋千场上，无论男女老少，都要荡秋千，据说是取荡去灾病、幸福安康之意，所以最是热闹。之外，还有打磨秋、摔跤等竞技活动，舞蹈、对歌等娱乐活动，探亲访友及赶场等集会活动。

按传统的规矩，节期的每天早饭前，要用三个饭团和肉菜敬献祖宗和孝敬氏族中辈分最高的老人。晚饭，大多村寨从第3天开始，直到第5天，每天下午都举行盛大的"资乌都"活动，就是全村合饮、欢乐幸福的意思。当太阳偏西，随着铓鼓声的响起，各户当家男子就用小簸箕端出自家的拿手好菜和小锅酒，按顺序摆在沿街铺好的长长的竹篾桌上，有的村寨宴席竟长达百余米，场面极为壮观，气氛颇为热烈。所以，"资乌都"也被称为"长街宴"。

哈尼族新米节

每年农历六月二十四日是墨江哈尼族卡多人（哈尼族支系）的新米节，为庆贺稻谷等农家谷物成熟的节庆。这天，卡多人家家户户要把收获的新谷舂成米做成饭"尝新"。他们认为，吃了新米饭的人，在本年里才会有好运势、好景象。如果到这天新谷还不上场，他们也要把谷穗或刚孕穗的谷苞采一些回来，烤干磨成面粉，拌在其他食物里吃，以示在"新米节"尝到了新。

哈尼族磨秋节

磨秋节是哈尼族的传统节日，每年农历五月的属猪日或属狗日（十二生肖日）举行，又称"五月年"。关于磨秋节的来历，民间流传着一个优美的故事。很久以前，哈尼族山寨住着两兄妹，哥哥叫阿朗，妹妹叫阿昂。阿朗武艺过人，阿昂聪明秀丽，两个人都爱帮助乡亲们做事。那时候天上的太阳和月亮出没不定，有时一出来就是几天，有时几天不出来，使庄稼不能正常生长。兄妹俩商议到天上去分头说服太阳和月亮有规律地出没。这天，他俩砍来栗木，创制并骑上磨秋。飞快旋转的磨秋把兄妹俩送上了天空，找到了太阳和月亮。他俩几经周折，费尽口舌，终于说服了太阳和月亮，商定了太阳白天出，月亮晚上出的规矩。从此，太阳、月亮就有规律地出来了，庄稼长好了，丰收了，可是两兄妹却再也没有回来。为纪念阿朗、阿昂兄妹，每年农历五月的属猪日或属狗日，哈尼山寨都要开展转磨秋的活动，同时，各家各户还杀鸡鸭，舂粑粑，祭拜天地日月和阿朗、阿昂兄妹，久而久之，便形成了哈尼山寨的传统节日。

彝族火把节

农历六月二十四日是景东彝族的传统节日"火把节"。火把节为期三天，第一天祭火，这一天，彝族村寨都要宰牛杀羊摆宴敬神祭火。第二天传火，彝族群众会聚集在祭台圣火下，举行各种传火竞技活动。第三天送火，这是彝族火把节的高潮。这一天夜幕降临的时候，彝族群众便从四面八方聚集到祭台下的广场上，将手持的火把汇聚在一起，形成一堆堆巨大的篝火，他们围着篝火尽情地歌舞，场面极其壮观，有"东方狂欢节"之称。主要内容有摔跤、赛马、斗牛斗羊斗鸡和歌舞表演等丰富多彩的文体活动。火把节亦是白族、纳西族、基诺族、拉祜族等少数民族古老而重要的传统节日，有着深厚的民俗文化内涵。

布朗族年节

布朗族的传统节日，时间是农历清明后十日左右。过节时，家家都要杀年猪，全寨要宰牛，妇女们做红糖糯米粑粑。年节的当天，晚辈都必须向家族长拜年，并准备两份糯米粑粑用芭蕉叶包好，每份上面放一对蜡烛、两朵鲜花，其中一份供奉给祖宗，另一份献给家族长。有的布朗族在年节时，要到佛寺前的菩提树下堆沙、种花，向佛爷献米花、糯米糕、芭蕉等食品。

布朗族山康节

布朗族最盛大的节日山康节在每年傣历6月中旬举行，一般为3天。节日第一天家家搞卫生，杀猪宰牛，做粑粑。第二天是最热闹的一天，要举行赕佛仪式和歌舞比赛，进行泼水狂欢，组织吃百家饭。要用各家新砍的树杈给村寨公房前的"神树"做扶树仪式，以祈祷树常青、人长寿。晚上，组织放高升，点火花，并在火树银花下歌舞狂欢。第三天，全村寨的男女老少敲锣打鼓，带着祭品进山祭拜山神和祖先，歌舞娱乐。

布朗族祭寨神

布朗族祭寨神一般在农历一月或六月择日举行，节期3天，是以寨为单位的祭祀活动，祭祀目的是祈求寨神保佑全寨风调雨顺，人畜平安。祭神时，要先杀一只鸡，然后到村寨的四周和寨子中心滴水祭祀，祭祀完毕大家一起欢宴。节日期间青年人到山里挖竹鼠，用竹鼠肉敬神，祈祷丰收。

景颇族能仙节

"能仙节"是以景颇族青年男女为主的聚会，是进行唱歌、跳舞、体育竞技的娱乐节日，于每年农历二月十日举行。其形成，源于广为流传的民间传说：很久以前，景颇族人的婚姻必须由父母定，男女青年自由恋爱是败坏风俗的行为，是不光彩的事。而有对青年男女却违背了父母之命、乡间民俗，相互爱得死去活来。为此，他们招致了寨主的责难和限制，招致了寨人的嘲讽鄙视。这对恋人只能避开寨主和父母，密约于水边草地倾诉衷肠，歌舞游戏，最后毅然结成眷属。后来，景颇族男女青年为纪念这对勇敢的夫妻，追求自己的幸福和爱情，便经常于农闲时节，悄悄地相邀到水边草地聚会娱乐，互赠信物和进行对歌、射弩、刀舞、打弹弓等比赛。久之，便形成了今天的"能仙节"。

墨江国际双胞胎节暨哈尼太阳节

墨江县被冠以哈尼之乡、回归之城、双胞之家的美誉。自2005 年，墨江以特色民族文化为依托、哈尼族民俗风情为看点、神奇双胞胎为亮点，着力打造哈尼之乡、回归之城、双胞之家三张名片，全力打造"中国墨江北回归线国际双胞胎节暨哈尼太阳节"。迄今为止，已举办九届，美国、加拿大、俄罗斯、新加坡等国家和地区的双胞胎以及世界各地的政要、商贾、名人等宾客，已经被丰富的节庆活动、多彩的哈尼族风情、神奇的北回归线、奇特的双胞胎遗传文化所吸引而纷至沓来。活动内容有：原生态文艺晚会、千对双胞胎巡游、双胞胎才艺绝活展演比赛、双胞胎朝觐、抹黑脸狂欢、北回归线秘境婚礼、哈尼长街宴等 20 项活动。

江城三国（中老越）丢包狂欢节

江城三国（中老越）丢包狂欢节每两年举办一届，中国江城、老挝乌德、越南勐念共同参与，轮流承办，时间通常在当年的9月或10月间，现已举办三届，第一、二届分别于2009年10月2～4日和2011年9月26～28日在江城举办，第三届于2013年10月12～16日在越南奠边省奠边府市举办。活动内容有观三国原生态民族歌舞、玩万人丢包狂欢、看国际牛体彩绘和三国民族之花选秀、品三国特色风味团拢古宴、赏三国独特风情展演等20多项活动。

江城三国（中老越）丢包狂欢节场景

5 传统民居

佤族茅草房

佤族主要居住在山坡和小山冈，房屋随山势而建。干栏式草顶建筑，一般分主间、客间和外间；主客间用竹篾笆隔开，各间设有火塘，主间火塘终年不熄，是家人煮饭和向火而眠的地方。屋外接三米左右的掌台。楼上住人，楼下栓牛和供猪鸡栖息，楼梯用木槽做成。

西盟佤族民居

彝族闪片房

彝族民居模仿汉族式样，一般以栗树为柱，用闪片或茅草盖顶，土坯墙，土架梁一楼一底，楼上住人，楼下关牲畜。

哈尼族土掌房

墨江和江城的哈尼族喜欢居住土掌房，土掌房属传统建筑式样，用优质木料作支柱，柱上凿榫口放枕木，枕木上放竹笆或柴块，用黏土铺成顶，厚约一尺，舂土或以土坯为墙，防火性能好，冬暖夏凉。房分三间，中为正堂，供奉祖先，右为大房，家长居住，左为小房，晚辈居住。

景东彝族民居

宁洱哈尼族民居

拉祜族鸡笼房

鸡笼房分落地式茅屋和桩上竹楼（干栏式）两种。落地式茅屋栽 20 棵木桩叉，三棵横梁，两棵牵手搭在木桩叉上，铺上椽子和茅草。四周用竹篾笆围栏或用土春墙，中间用竹篾笆或春墙隔为三间，右间设火塘，供父母住，左间为儿女住，中间为堂屋，供神龛。桩上竹楼为木桩叉搭成的双斜面竹楼，房屋由寝室、春碓处、晒台三部分组成，竹楼从右方顺梁开门，门外为晒台，楼上用竹篾笆隔一两个住室，前房中央设火塘，为饮食、会客和休息的地方，后室为寝室，四周用竹篾笆或木板围栏，楼上住人，楼下关牲畜。

澜沧拉祜族民居

傣族竹楼

傣族传统民居有干栏式和落地式两种。孟连傣族为干栏式竹楼，用粗竹子做骨架，竹篾笆做墙体，楼板用竹篾条或木板做成，屋顶铺草，底层架空多不用墙壁，供饲养牲畜和堆放杂物，楼上有堂屋和卧室，堂屋设火塘，是烧茶、做饭和家人团聚的地方，外部有前廊和晒台，前廊是吃饭、休息和接待客人的地方，晒台是盥洗和晾晒的地方。景谷傣族住土木落地式结构的平房，房顶不高，用茅草或瓦覆顶，分中堂和左右两厢，中堂置三角火塘，为煮饭、会客之处，左厢房为长辈卧室，右厢房为子女卧室。

孟连傣族民居

四　普洱茶话

1 普洱茶源

普洱茶由来

唐樊绰于咸通四年（863）撰写的《蛮书》中，记录了很多云南的历史文化，其中在《蛮书·云南志·管内物产》中有"茶出银生城界诸山，散收，无采造法，蒙舍蛮以椒、姜、桂和烹而饮之"的记载，这是目前公认的关于普洱茶产区的最早文字记录。

在普洱茶由来的传说中，有孔明兴茶之说。清道光《普洱府志》卷十二载："旧传武侯遍历六茶山，留铜锣于攸乐、置铓于莽枝、埋铁砖于蛮砖、遗梆于倚邦、埋马镫于革登、置撒袋于慢撒。因此名其山，又莽枝有茶王树，较五山茶树独大，相传为武侯遗种，今夷民犹祀之。"相传基诺族祖先是诸葛亮的士兵，由于没有跟上大部队，被"丢落"下来，而称为"攸乐""基诺"。

根据《滇略》《物理小识》《云南通志》记录，普洱茶是因明朝产于普洱（明洪武十六年为普耳，即今宁洱县）得名的地方特种茶类，清代设普洱府后因定为贡茶而名扬天下。据考证，清代最早将普洱茶进贡清廷始于康熙年间，到普洱府设置后，进贡普洱茶成为云南省的一项义务，从雍正年间开始，云南省每年向清廷进贡普洱茶。

设普洱府本是为推行改土归流，加强清政府对云南西南边疆的管辖，此时由于普洱府辖区的扩大（分为宁洱县、威远厅、他郎厅、思茅厅、车里宣慰司），六大茶山正好划进了普洱府辖区，一方面扩大了普洱茶产区的范围，另一方面保证了普洱茶更大的产量和更好的品质。普洱所产名茶全部进入朝廷，呈于皇帝和王公大臣们的案头。皇帝除了自己品饮之外还将普洱茶赏赐给功臣及外国使节等，普洱茶成了皇帝、王公大臣喜爱之物。据专家考证，皇帝每年对需要上贡的物品清单进行审查时，其他名茶有被打叉的情况，普洱茶从来都是被打钩。

由于皇帝和王公大臣们的喜好，普洱茶开始名重天下，并且作为大宗商品大量进入藏区，进入内地。据《清朝通典》记录，当时政府每年发茶引3000，每引卖茶一担，每年卖茶3000担，每担是100斤。清代普洱茶每斤重596.82克，每年由政府课税后销往内地和藏区的茶叶就有179吨。

新中国成立后至1956年三大改造完成前，普洱茶产区有大量私人茶号在经营普洱茶，他们制作的普洱茶有一些保存下来，被称为"号级茶"。1951 年 12 月"中茶牌"（民间称"八中茶"）商标注册成功，使用期 20 年。从 1952 年起，该茶叶包装最上面的文字倒读是"中国茶叶公司云南省公司"，中间是中茶商标，下方是倒读的"中茶牌圆茶"繁体字。由于中茶商标中的茶字是手工盖印，故因印色之别而有红印、黄印、绿印之称。这期间所生产的茶俗称为"印级茶"。从 1972 年起"中茶牌圆茶"停用，开始改称"云南七子饼茶"，仍用八中茶商标。该商标中的茶字同样是手工盖印，因印色的不同而有红印、黄印、绿印、水蓝印之分，从此便开始了"饼级茶"时代。1973 年，昆明茶厂研制成功了渥堆发酵熟茶的技术后，曾在昆明茶厂、勐海茶厂、下关茶厂等生产，但一度被列为国家机密。

普洱茶如此受青睐是和它的品质分不开的。普洱茶的原料是云南大叶种和历史上种植于当地的部分小叶种经杀青、揉捻、日晒干燥后制成的散茶和紧压茶，保存得当可以长期存放，并且时间越久，味道越香，越好喝。

五世茶祖

在普洱茶文化里，茶祖文化不仅具有明显的地方特色，而且拥有丰厚的物质和精神内涵。从茶祖文化的物质角度看，有普洱茶研究学者提出了"五世茶祖"概念。"五世茶祖"指的是茶叶发展的五个阶段，即宽叶木兰、中华木兰、野生型、过渡型、栽培型。一世茶祖是景谷宽叶木兰（新种）化石，出土于普洱市景谷盆地芒线，距今 3540 万年；二世茶祖是中华木兰化石，在普洱市景谷、景东、澜沧 3 个县都有发现，距今

2500 万年；三世茶祖是镇沅千家寨野生大茶树，这里有野生茶树群落 280 公顷（4200 亩），其中，一号大茶树，测算树龄2700 年；四世茶祖是澜沧邦崴过渡型古茶树，在邮电部 1997年发行的《茶》邮票中第一枚《茶树》，即澜沧邦崴过渡型古茶树图；五世茶祖是以澜沧景迈芒景古茶园为代表的多个古茶园，如景谷木兰化石、千家寨野生茶王、邦崴过渡型大茶树、景迈万亩古茶园等，这些构成了茶祖文化的物质文化。

景谷宽叶木兰（新种）化石

普洱贡茶

自从普洱茶在康熙年间成为贡品后，雍正年间成为定制，每年都要上贡。皇宫贵族以享用此贡品为荣。末代皇帝溥仪曾说：普洱茶是皇室成员的宠物，拥有普洱茶是皇室成员的显贵标志。

普洱贡茶主要有金瓜贡茶（人头茶）、饼茶、芽茶、茶膏四大类。在 2007 年第八届中国普洱茶节举办的百年贡茶回归普洱活动中，藏于故宫有 100 多年历史的金瓜贡茶回到普洱市。该万寿龙团贡茶重约 2.5 千克，历经 100 多年仍然保存完好。另外，在荣宝斋 2012 迎春拍卖会（第 72 期）古董文玩专场上，一块重量为 4.1 克的清代贡品普洱茶膏，曾以 3.36 万元成交。

岩冷兴茶

在有关普洱茶的传说中，有孔明兴茶、濮氏贡茶、岩冷兴茶等传说，其中，布朗族叭岩冷兴茶的传说较为可信。按景迈山芒景村布朗族的传说，叭岩冷是他们的祖先，也是布朗族的头人。传说叭岩冷死前留下遗训：留下金银财富会有用完之时，留下牛马牲畜会有死亡之时，唯有留下茶种方可让子孙后代取之不竭，用之不尽。澜沧江流域是公认的茶的起源地，布朗族的祖先——濮人是最早驯化野生古茶和栽培茶树的民族，叭岩冷也就成为已知最早的有名有姓的茶祖。

茶马古道

茶马古道是一个现代概念，出自于云南大学木霁弘等六位青年学者联名发表的文章《“茶马古道”文化论》。在此概念提出之前，云南通往外地的通道有多种称谓，如盐茶古道、官马大道等。

茶马古道是指存在于中国西南地区、以马帮为主要交通工具的民间商贸通道，是中国西南民族经济文化交流的走廊。茶马古道源于古代茶马互市，兴于唐宋，盛于明清，包括向东北进入中原的古道、向西北进入藏区的古道和向南进入东南亚地区的古道。倚邦曾是茶马古道的重要起点之一，倚邦贡茶史上有一个重要人物是曹当斋。曹当斋的祖父曹大洲是四川人，清康熙初年到倚邦经营茶叶，被倚邦少数民族头人看中招为女婿，头人无子，死后曹大洲继承了头人职位，传到曹当斋时正遇上清政府搞改土归流遭到土司反对，引发战乱，曹当斋支持清政府平乱有功，被封为倚邦土千总，负责管理倚邦、蛮专、莽枝、攸乐、革登五大茶山。清雍正十三年（1735），云贵总督下令普洱贡茶由倚邦土千总曹当斋采办，易武土把总协办。之后曹氏家族经营、管理五大茶山近 200 年。

茶马古道有着丰富的历史文化内涵，它包含了古道文化、茶文化、边贸文化、民族交流文化、马帮文化、驿道文化等。它是云贵高原、青藏高原上一条异常古老的文明通道，沟通了汉族与藏族和其他民族的经济文化。普洱是茶马古道上独具优势的货物产地和中转集散地，具有悠久的历史。为弘扬茶马古道文化，宁洱县于 2010 年组织了首届中国普洱茶马古道节。

茶马古镇

在普洱市内，茶马古道上有很多茶马古镇，如宁洱、墨江、景东、思茅、镇沅、景谷等地都有。但是随着近年来经济发展、城市改造，这些古镇的古建筑已所剩无几。目前，普洱市内保存较为完好并具有代表性的茶马古镇是碧溪和娜允。

碧溪位于墨江县城北部，是一座群山环绕之中纯朴宁静的小古镇，从明永乐四年（1406）到明嘉靖十二年（1533），恭顺设州于碧溪古镇，共历时 127 年之久。碧溪古镇曾是茶马古道上的重要驿站，商贾云集，至今仍保存有大量的古街道和古建筑。

娜允古镇位于普洱市孟连傣族拉祜族佤族自治县城，是我国至今保存较为完好的傣族古镇，有700多年的历史。娜允即傣语"内城"的意思。孟连傣族土司衙门——孟连宣抚司署就设在这里，经历28任土司，长达660年。娜允由上、中、下城和芒方岗、芒方冒组成，是古代通向东南亚茶马古道的重要古镇。

外国友人参观碧溪茶马古镇

中国普洱茶节

普洱市是普洱茶的主要原产地，至今已举办了十三届中国普洱茶节。第一届中国普洱茶节于1993年在普洱举行，宁洱县设分会场，历时三天，它的成功举办为推动普洱茶的振兴起到了十分重要的作用；第七届中国普洱茶节组织了"马帮茶道瑞贡京城"和评选首届"全球普洱茶十大杰出人物"活动；第八届中国普洱茶节时举办了思茅市更名普洱市庆典和"贡茶回归"活动；第十届中国普洱茶节在上海举办，这是茶节首次走出普洱；第十二届中国普洱茶节在北京举办；第十三届

中国普洱茶节、2013 国际茶叶大会、第八届中国云南普洱茶
国际博览交易会都在思茅举行，其间，国际茶叶委员会向普洱
市政府授予"世界茶源"称号。

中国普洱茶节开幕式场景

2 普洱茶俗

祭拜茶祖

普洱茶产区自古就有崇拜茶祖、祭祀茶祖的习俗。普洱茶
产区以诸葛亮为茶祖，有孔明兴茶的传说，普洱市大街上还有
孔明兴茶的巨大石雕像，中国普洱茶叶节上还有祭茶祖的仪
式。布朗族是古濮人的后代，古濮人是公认的最早的种茶民
族，布朗族的茶祖是他们的祖先叭岩冷。在景迈山有叭岩冷庙
和叭岩冷塑像，在每年布朗族举行的盛大节日山康节上，都有
祭祀祖先叭岩冷的活动。这种把祖先和古茶树结合起来一起祭

拜的习俗在普洱茶产区较为久远，而且范围广泛。据清代
《思茅志稿》记载，在古六大茶山之一的革登山，每年当地民
众在采茶前都要祭拜茶王树。在普洱市宁洱县的板山，至今还
保留着祭拜茶王树的习俗。

少数民族茶俗

佤族茶俗　佤族盖新房，要举行贺新房仪式，贺新房的礼
品就有茶叶。喝浓茶是佤族的一种嗜好，其冲茶方式也很特
别，要先把茶叶放进锅里炒至焦煳，再放入水煮十多分钟，然
后倒在土碗中饮用。佤族在送订婚礼品中也必须有茶叶。举行
婚礼时，请来吃酒祝贺的人要送礼物，礼物中也会有一包茶
叶。另外，佤族丧葬时茶也会作为丧礼。

布朗族茶俗　布朗族主要居住在景迈、芒景、芒洪、巴
达、西定、布朗山等地，均是著名的普洱茶产地。过去澜沧的
布朗族归孟连傣族土司统治，每年要向土司上贡，其中茶叶是
必有的贡品。在民间，布朗族谈婚论嫁时茶叶也是必备的礼
品。

哈尼族茶俗　普洱市的哈尼族支系有碧约、卡多、腊米、
切地、僾尼、白宏、布都、布孔、阿木、西摩洛等十多种，居
住在墨江、普洱、江城、澜沧、景东、镇沅、景谷、思茅、孟
连、西盟等县市，哈尼族谈婚论嫁时茶叶是必备的礼品，在婚
礼上，新郎、新娘要向来宾、长辈敬酒敬茶。另外，丧葬时茶
也是供品之一。

傣族茶俗　普洱市的傣族，主要分布在景谷、孟连、澜
沧、江城、墨江、普洱、思茅、西盟、景东、镇沅等县，他们

喜爱饮茶，在住房内设有煮饭、烹茶、取暖用的火塘，架有铁打的三脚架。过去景谷傣族土司家还有专为土司烧茶的茶房。傣族男女双方相互有感情后要告诉父母，由父母托媒人去说亲，说亲都要捎带一些烟、酒、茶等礼物。在订婚和举行结婚仪式时，茶也是必不可少的。傣族的婚俗和日常生活，总是有茶相随。

傣族以茶赕佛历史悠久。在传统节日开门节、关门节和傣历新年泼水节，虔诚的傣族群众都用茶、水、米花到佛寺赕佛，体现了茶文化与宗教文化的和谐共融。

拉祜族茶俗　拉祜族在普洱市主要分布在澜沧、孟连、镇沅、西盟、景谷五县，其他五县市也有少量分布。拉祜族这个"猎虎的民族"平时喜饮烤茶，即将茶入罐烤至焦黄，待香味飘出后兑入水稍煮即饮。好客是拉祜族的传统美德，客人来了受到尊敬，烤出来的头道茶要主人先喝，第二道茶才能给客人喝，以表示真诚。

拉祜族的青年在定了情后，男方请媒人到女方家说亲时，要带去一两斤草烟，两三斤酒和送上一包好茶叶为礼物。到女方家经过一番交谈后，由媒人亲自动手在火塘上煨一壶茶，依次端给姑娘的父母、舅父和叔伯父喝，女方父母如喝了茶，婚事即算确定，如不喝茶即表示拒绝。

普洱茶店文化

普洱是一个悠闲的、慢节奏的城市。普洱人的悠闲自在可以体现在普洱的茶店文化中。普洱的茶馆文化更多地表现为茶店文化。在普洱，有两个大的茶叶市场，还有分布于大街小巷的各色茶店。普洱茶店的一个突出特点就是客人进店喝茶不收钱，于是就形成了这样的景观：茶店里高朋满座，饮茶的、聊天的、谈生意的，热闹非凡。尤其在晚上，几乎每个茶店都坐满客人，不论熟人还是陌生人，大家都坐在一起喝茶聊天。开茶店的也很悠闲，只要有客人进店喝茶一定热情接待，不在意是否相识，是否会买茶。如果进店的茶客很懂茶，主人会拿出他的镇店好茶让客人品尝。

在普洱的茶店里不但可以品到上好的古树茶，还有机会看到当地书画名家的作品和用精美的根雕、木雕做成的茶桌茶具，甚至不经意间，还可以见到一些普洱茶界名人。

3　普洱茶艺

普洱茶的冲泡

一是择水。泡普洱茶的水要比重轻、杂质少，这样才不会影响茶的真味。古人推崇雪水、雨水就是因其从天而降，纯净无杂质，现在由于空气污染加重，纯净的雪水、雨水已很难得到，如果用山泉水、矿泉水泡茶要考虑其是否纯净，山泉水和矿泉水中的矿物质是否会与茶叶中的矿物质产生不良反应。最简单的冲泡方法就是用纯净水。二是茶具。泡普洱茶主要用壶、盖碗、杯子三种。杯子泡茶很方便，但容易因冲泡时间过长，使茶苦涩；盖碗可用于泡还有明显苦涩的生茶；壶用于泡老生茶和渥堆熟茶。茶水比例在 1 克茶和 100 毫升水比较好。三是冲泡。首先控制投茶量，明显苦涩的茶可以少投多换。其次控制水温，老生茶和渥堆熟茶水温越高越好，可以通过给茶壶加温、快速注水等方法加温，而有明显苦涩的生茶要降温泡，水烧开后将水温降到85℃～90℃再泡，这样可以降低茶的苦涩。再者，不要搅动茶叶，注水时不要直接冲在茶叶上，这样也可以降低苦涩。又次，控制好出汤时间。最后，撬紧压茶时尽量不要把茶撬碎，否则，茶叶的断口越多苦涩物质越容易出来。

少数民族茶艺

普洱茶产区民族众多，从而形成了多种多样的饮茶习俗和茶艺。唐代樊绰的《蛮书·云南志·管内物产》记载："蒙舍蛮以椒、姜、桂和烹而饮之。"由此可知，唐代普洱茶产区的百姓就有了自己的饮茶方式。另外，各民族还有自己独特的饮茶习俗，如基诺族的凉拌茶，傣族的竹筒茶、烤香茶，布朗族的青竹茶、腌菜茶，拉祜族的竹筒茶、烤茶，佤族的烧茶，哈尼族的土锅茶，彝族的火焯茶等，呈现出了普洱茶文化的丰富多彩。

拉祜族的火焯茶　火焯茶是拉祜族喜爱的饮茶方法，每当客人至家，主人先烧水，然后抓一把大叶茶放在瓢内，拣火塘中的灼燃火炭放入瓢中后快速摇动，使瓢中的茶叶烤得发出香味时，把火炭拣出，把茶叶放入茶壶中或者放在杯中冲上沸水，几分钟就可饮用。火焯茶叶酽香浓，芳香扑鼻，茶色浓黄。火焯茶的另一种做法是将新鲜带枝条的茶叶直接放在火塘上烤黄烤香，然后放入茶壶煮出茶味来饮用。在没有芽头的季节，老叶茶也可以采取这种方式制作。

哈尼族的土锅茶　这种茶做法比较简单，通常有客人进门，主妇先用土锅（或瓦壶）将水烧开，随即在沸水中加入茶叶，待锅中茶水再次煮沸茶味浓烈时，将茶水倒入用竹制的茶盅内或者茶碗中，给客人喝即可。

布朗族的青竹茶 青竹茶制作方法较为奇特，首先砍一节碗口粗的鲜竹筒，一端削尖插入地下，再向内加上泉水，当做煮茶器具。然后，找些枯枝落叶，当做燃料点燃于竹筒四周。当竹筒内水煮沸时，随即加上适量茶叶，继续煮沸，到茶味浓烈时将煮好的茶汤倒入事先已削好的新竹节罐内，便可饮用。青竹筒茶把泉水的甘甜、竹子的清香、茶叶的浓醇融为一体，喝起来别有风味。

佤族的烧茶 居住在云南南部的佤族人嗜好喝烧茶。烧茶是先用瓦壶或铜壶将水烧沸，同时，在火塘上架起一块铁板，将茶叶放在铁板上烤至焦黄。以后，再将烤焦的茶叶放入壶内煮数分钟。煮好后，倒入茶碗中饮用。烧茶汤色黄亮，有焦香味。

傣族的香竹筒茶 先用晾干的春茶放入刚砍回的香竹筒内，放在火塘的三脚架上烘烤，待竹筒内茶叶软化后，用棒槌将竹筒内的茶叶舂压后再装进茶叶，这样边装、边烤、边舂，直至竹筒内茶叶填满舂紧为止。待茶烤干后，剖开竹筒取出圆柱形的茶叶，掰少量放入碗中，冲入沸水冲泡饮用。这种竹筒茶，既有竹子的清香，又有茶的芳香，十分可口。

罐罐茶

在普洱市的许多山村，汉族和彝族、拉祜族、哈尼族等民族都有饮用罐罐茶的习俗。这与当地居民的火塘文化有一定的关系。过去，村民屋内或者屋檐下要烧一个火塘，火塘火终年不熄，人们在火塘边烤茶饮用。烤茶也称"罐罐茶""百抖茶"，没有客人时自己饮用，有客人时可以待客，山村中的老年男子尤为喜好。

烤制罐罐茶时，可用铜壶或铜锅在火塘边或吊在火塘上烧开水，同时，用土罐烤茶。烤茶时要先将土罐的水烤干，然后放入当地居民自己制作的普洱晒青毛茶；将烤茶罐放到火塘边烘烤，边烤边抖动，让茶叶均匀受热；待茶烤出香气后，水也烧开了，加入开水后再放在火上煨煮，待茶香气四溢、茶味浓酽时即可倒入杯中饮用。罐罐茶味极浓酽，初饮者不可多饮，否则会"茶醉"，而常饮者则极易上瘾，每天不烤上一罐会觉得全身不舒服。

根雕、木雕茶具

茶具是为冲泡和品饮茶而诞生的器具，茶具要能充分展示茶的特色。普洱茶诞生于云南边陲的崇山峻岭间，与中原、江南文化发达区有万水千山之隔，最能展示普洱茶特征和魅力的是那些根雕茶几、大板茶桌和木雕茶盘茶具。

普洱是绿色王国，森林资源丰富，加之紧邻盛产精美木材的老挝、越南、缅甸，用上等木材制作根雕茶几、大板茶桌和木雕茶盘十分方便。随着普洱茶市场的兴盛，制作根雕茶几、大板茶桌和木雕茶盘、茶具的工厂和销售店大量出现，使用的木材有大红酸枝、紫檀、红花梨、黄花梨、金丝楠、鸡翅木、柚木等。在普洱的茶店里，根雕茶几、大板茶桌和木雕茶盘、茶具，与古远而意韵深厚的普洱茶文化紧密结合，进一步丰富了普洱茶文化的内涵与外延。

普洱茶咏茶古诗曲和民歌

在普洱茶茶乡，流传着不少与普洱茶有关的古诗曲和民间山歌。清光绪年间，任景东郡守的黄炳堃通过实地观察，写出了一首《采茶曲》。全诗 48 句，写出了景东 12 个月不同的采茶节令和茶叶生长特点，写出了采茶人、拣茶人、买茶人、饮茶人不同的情感及其心理状态。另外，清代普洱儒生许廷勋写有一首古风长诗《普茶吟》，是当年普洱茶历史的艺术记录。

对于茶马古道，也有不少古诗词，清代宁洱贡生舒熙盛写有一首七律《茶庵鸟道》。诗曰："崎岖鸟道锁雄边，一路青云直上天。木叶轻风猿穴外，藤花细雨马蹄前。山坡晓度荒村月，石栈春含野墅烟。指愿中原从此去，莺声催送祖生鞭。"描绘了运茶马帮过茶庵鸟道的情景。

直到今天，有关吟唱普洱茶的古诗曲民歌在民间还广为流传，普洱县流传着成套的民间山歌《采茶调》，景谷流传着拉祜族《赶起骡马进茶山》的民歌和彝族《茶山有个织女妹》的赶马调，这些都记录着与普洱茶有关的历史。

4　普洱茶系

普洱紧压茶

在所有的茶类里，没有茶像普洱茶那样造型如此丰富。普洱茶以型分可以分为紧压茶和散茶两大类。另外，还有一些特型茶。在普洱紧压茶中又可分为饼、砖、沱三大类。

　　七子饼　七子饼是普洱紧压茶中历史悠久且数量最多的一种，其型是七饼圆茶捆为一筒。这种形状始于清朝的定制，据《大清会典事例》载："雍正十三年（1735）提准，云南商贩茶，系每七圆为一筒，重四十九两，征税银一分，每百斤给一引，应以茶三十二筒为一引，每引收税银三钱二分。于十三年始，颁给茶引三千。"另外，七子饼茶的来历还有几种说法：一是说"七"为多子多福，因为"七"在中国是一个吉祥的数字。一种说法是为了方便马帮运输。一饼茶为 357 克，一筒七饼，357 克乘 7 饼茶合 2499 克，约 2.5 公斤，一件 12 筒约 30 公斤。一匹马驮 2 件约 60 公斤，刚好方便马负重前行，同时，也方便统计数量和上税。另一种说法是为包装方便。在七子饼出现早期，纸贵，不舍得用，包装就选用当地最方便的竹笋壳。一饼茶 357 克，饼直径约 20 厘米，七饼一包高也是 20 厘米，正好是竹笋壳可以包裹的数量。

　　沱茶　沱茶产制历史悠久，系由团茶转化而来的。关于沱茶的来历说法很多，一种说法是由于过去运销四川沱江一带而得名；一种说法是产于普洱市景谷县，称谷沱；还有一种说法是因其成品形状如团，普洱茶产区的方言叫"团"为"沱"。沱茶的形状从上面看类似圆面包，从下看又类似厚壁碗，中间下凹，中空是为了容易干燥。沱茶每个净重多为 100 克或 250 克，在包装时通常每五个用竹笋壳包成一包，以绳或竹篾捆绑，结实牢靠，方便长途运输及其长期存储。另外，普洱沱茶分为生沱和熟沱两种。

　　竹筒茶　竹筒茶属于普洱茶的一种，当地的傣族、布朗族、哈尼族有制作竹筒茶的习惯。竹筒茶用香竹和普洱茶做成，制作时将晒干的春茶装入刚刚砍回的香竹筒中，将装有茶叶的竹筒放在火上烘烤，竹子的水分会变成水蒸气让竹筒内的茶叶软化。这时，用木棒将竹筒内的茶压紧，之后再填满茶烘烤。如此边填、边烤、边压，直至竹筒内的茶叶填满压紧为止。由于竹子的水分已经进入茶叶，饮用时会有竹子的清香。饮用竹筒茶时要将竹筒剖开，将圆柱形的竹筒茶拿出来。

普洱散茶

普洱散茶主要有生茶和熟茶两类，散茶在清代普洱贡茶中就有，以芽头为主制成，称蕊茶。普洱散茶以嫩度划分等级，散状的普洱熟茶常采用单级的定级方法，依次分为：宫廷、特级、一级、三级、五级、七级、九级。而普洱生茶则分为特级、一级、二级、三级、四级、五级、六级、七级、八级、九级、十级。

普洱工艺茶

普洱工艺茶是指用普洱茶原料制作的以观赏性为主的茶品，包括足球、象棋、压上文字图案的茶砖、屏风等。工艺茶是一种装饰用工艺品而不是用来喝的茶。其原因一是工艺品喝了可惜；二是工艺茶所用原料如果是碎茶、茶沫，没有喝的必要；三是工艺茶一般用于做摆设，受光氧化后变味不好喝。

普洱茶膏

茶膏曾是贡品之一，其功用、形状等与普洱茶不同，在缺医少药的古代，它不是作为饮品，更多是作为一种药物来使用。茶膏对咽喉疼、口腔溃疡、牙痛有较好的治疗效果，另外，按照古籍所记，还有醒酒和消食化痰的功效。因此把茶膏称为普洱茶衍生品较合适。

茶膏的制作主要是用传统工艺，其方法是将茶叶放入锅中熬煮，到茶汁煮出后将茶汤过滤出来，之后再用大锅换中锅、小锅熬煮至膏状时倒出晾干。由于茶叶中存在胶质，茶膏熬到一定浓度时极容易粘锅变煳，因此，熬到换小锅后需用炭火慢慢烘，锅要离炭火远一些。这个过程需要几天，整个熬制过程中还要有人不停搅动茶膏不让其粘锅，比较耗时耗力。一般6斤茶叶可制成1斤茶膏，如用渥堆熟茶则比生茶熬茶膏容易。因为熟茶的胶质少，黏性小，但出膏率会小些，一般7斤可制1斤。

普洱茶粉

茶粉包括用茶叶粉碎成粉状的茶粉和用熬出的茶汤干燥后成粉的茶粉两类，每类都可用不同茶品种制作，其口感味道受制造茶粉的渥堆熟茶品质和口味的影响而不同。目前市场上最为流行的茶粉是用渥堆熟茶的茶汁经现代工艺萃取的成品。这种茶粉的优点一是冲泡方便快捷，适合现代人的生活节奏；二是具有一定的降脂、降糖和保健功能，对患有高血脂、高血糖的人可以起到一些帮助作用。目前，这些方便快捷且有一定保健功能的茶粉已经走进人们的生活中，将被越来越多的人认识和接受。

普洱保健茶

茶保健品主要分两类：一类是茶叶与一些有保健功能的中草药拼配制成的；另一类是从茶叶中提取具有保健功能的成分制成的。前者是由普洱茶与一味或数味中草药配制而成，市面上比较流行的有绞股蓝茶、枸杞茶、灵芝茶、川芎茶、菊花茶等，可以用冲泡方式饮用。后者从茶叶中提取的相关保健成分主要是茶多酚。茶多酚作为茶叶中有保健功能的主要成分之一，在抗氧化、防龋齿、抗肿瘤、防心血管等方面可以起到一些辅助作用。茶多酚提取物有直接制成片剂的，也有与其他药物配合使用的。由于茶多酚的组成成分很多，其功能也不尽相同。未来随着对茶多酚的研究和更加精细的分离技术的发展，茶多酚提取物的保健功能会得到更多的开发。

茶菜

历史上，在普洱少数民族习俗中一直有基诺族的凉拌茶和景颇族的腌茶。基诺族的凉拌茶是用茶的鲜嫩芽头，配以各种调料拌匀后做成的一道凉菜。景颇族的腌茶则是把鲜叶配上盐、辣椒等配料，经充分揉、拌后装入竹筒后腌制而成。凉拌茶多用渥堆熟茶入菜，因为普洱茶的生茶苦涩味明显较难入菜。2005 年云南科学技术出版社出版的《经典普洱茶菜》一书中，曾介绍了多种普洱茶入菜的方法和菜谱。

凉拌茶　布朗族的凉拌茶是用茶树的鲜嫩芽头，配以各种调料拌匀后做为一道凉菜。

腌豆腐拌茶　布朗族长期种茶，经营茶叶，其中有嫩茶叶拌豆腐下饭的习俗。布朗族有制作腌豆腐的传统，每年冬天，家家户户都要做足够家人食用一年的腌豆腐及其他酱菜。方法是，把从茶树上采下的鲜嫩茶叶和腌豆腐拌均匀，就成了一道可口的下饭菜。食之苦中带辣，满口清爽。

酸茶　布朗族制作和食用酸茶历史悠久，其制作方法是，把采回来的鲜茶叶煮熟，加上盐、辣椒、生姜等配料搅拌混合装入竹筒或陶坛罐内，用笋叶封口扎紧，放置发酵至发酸，即可食用。另外，也可用开水冲泡作饮料。有些老年人还喜好当零食放入口中咀嚼。

5 普洱茶园

普洱古茶园与茶文化系统

普洱市是世界茶树的原产地之一，拥有古木兰化石到过渡型、栽培型古茶树资源。以普洱市为中心的澜沧江中下游的布朗族等少数民族有悠久的种茶、制茶历史，有丰富多彩的茶文化和饮茶习俗。普洱市作为普洱茶的起源地之一，境内有距今3540万年前的宽叶木兰化石，分布着40余处野生茶树群落，有树龄2700年的千家寨野生古茶树，有邦崴过渡型古茶树，有古老的人工栽培的景迈山千年万亩古茶园，还有困鹿山古茶园、无量山系古茶园、哀牢山系古茶园等。这些都是我国乃至世界茶树资源的重要宝库，被誉为"世界茶源"。

2013年，普洱市政府荣获国际茶叶委员会授予的"世界茶源"称号；同年5月，"普洱古茶园与茶文化系统"荣膺中国首批重要农业文化遗产；8月，"云南普洱古茶园与茶文化系统"被联合国粮农组织授予"全球重要农业文化遗产（GIAHS）保护试点"。

景迈古茶园

在澜沧县境内分布有景迈、邦崴、东卡河、帕赛等古茶园，景迈古茶园是其中之一。

景迈山位于云南省普洱市澜沧县惠民乡，古茶园主要分布在海拔 1400 米至 1600 米之间的山林之中。根据景迈山缅寺碑记载，景迈山大面积种植茶园始于傣历 57 年（696），距今已有 1300 多年。景迈山古茶园占地 2.8 万亩，实际采摘面积 10003 亩，主要分布在芒景、景迈两个行政村。芒景主要是布朗族，景迈主要是傣族。1950 年景迈布朗族头人之一的苏里亚（布朗名岩洒），作为云南省少数民族代表团成员到北京参加了中华人民共和国建国一周年纪念活动，并将景迈茶精制而成的小雀嘴尖茶亲手送给了毛泽东。2001 年在上海亚太经济合作组织论坛大会上，江泽民主席送给各国首脑的礼品中就有景迈茶。

2012 年景迈古茶园入选《中国世界文化遗产预备名单》，2013 年入选"第七批全国重点文物保护单位"名单。

邦崴古茶园

邦崴村属于澜沧县富东乡所辖，位于澜沧县城北面，距县城 100 多公里，历史上曾是通往缅甸的古道站点。邦崴村有 300 多户 1000 多人，以汉族为主，拉祜族次之。山下就是上允坝子。坡大无平地。茶树分布在村子旁，有部分小叶种，多在地埂上。

邦崴茶的出名与邦崴过渡型古茶树有很大关系。邦崴过渡型古茶树位于富东乡邦崴村新寨寨脚园地中，树高 11.8 米，树幅 8.2 米×9 米，基部干径 1.14 米，树龄 1000 多年，当地村民一直在采摘食用。1991 年 3 月思茅地区茶学会理事长何仕华根据群众反映到邦崴对茶树进行初步考察，之后思茅的专家在 1991 年 4 月和 11 月两次考察了古茶树。1992 年 10 月，云南省茶叶学会、思茅行署、云南省农科院茶叶研究所、思茅地区茶叶学会、澜沧县政府共同召开了"澜沧邦崴大茶树考察论证会"，认为邦崴大茶树既有野生大茶树的花果种子形态特征，又有栽培茶树的芽叶枝梢特点，是野生型与栽培型之间的过渡型。1993 年 4 月"中国普洱茶国际学术研讨会"和"中国古茶树遗产保护研讨会"在思茅举行，来自 9 个国家和地区的 181 名专家对邦崴大茶树进行了考察，再次论证了大茶树是野生型向栽培型过渡的过渡型大茶树，佐证了普洱市一带是世界茶叶的原产地的论证。

困鹿山古茶园

困鹿山栽培型古茶园位于宁洱县城北 31 公里的凤阳乡宽宏村。据当地老人说，过去每年春茶开采时，官府要派兵进驻，监制贡茶上贡给皇帝。困鹿山茶成为清代普洱府的贡茶基地之一，因而才有了"皇家古茶园"这一说法。

困鹿山古茶园有两大特点：一是与村寨共生，构成茶树在村中、村在茶园中的人与自然和谐相处的画面；二是栽培型古茶园与野生古茶林相连。在困鹿山古茶园旁边就是困鹿山野生古茶树群落。

困鹿山古茶园内共有古茶树 372 棵，据考证树龄已有 400 多年。这些古茶树不同于其他古茶园的茶树，它们没有人为的剪枝，树形像一般乔木一样高大挺拔；茶树高度一般都在 2 米以上，干径 10 ~ 30 厘米；另外，大叶种与小叶种共生也是它的一大特点。在这样一个很小的区域内集中这么多高大的古茶树在其他茶区是很少见的，这也是普洱茶在明代因普洱地方得名的一个重要的实物证据。

老仓福德古茶园

该茶园位于景东县境内。景东县在云南省西南部，产茶历史悠久。唐代樊绰的《蛮书·云南志·管内物产》说："茶出银生城界诸山。"银生指当时南诏国的银生节度，其治所就在今景东县城。景东境内的古茶园、古茶树和茶马古道充分说明景东是古老的普洱茶产区之一。

景东古茶园主要有老仓福德、哀牢山西坡、金鼎、漫湾、御笔等。1925年，云南省省长唐继尧曾给景东老仓福德茶山出品的"老仓茶"颁优等奖章。

老仓福德茶区的老茶树、老茶园主要分布在安定乡的迤仓、中仓、外仓、河底、民福，文龙乡的邦迈、邦崴、文录、文昌等地。茶园主要分布在大山的中上部，茶园有多片密度较大的区域，为大树、矮化老树、新植混生。还有一些大茶树分布在地埂边和村中，也有少量中小叶种。其中，中仓、迤仓两个行政村老茶树较多，中仓回民村旁的一片茶树比较大。该村名叫回民村，但居民是彝族。

马邓古茶园

镇沅县的古茶园有马邓、茶山箐、老海塘、老乌山、大麦地、打笋山、砍盆箐等。镇沅人谈茶，最自豪的是马邓茶。按镇沅人的说法，一是泡马邓茶的杯子不会起茶垢，二是马邓茶曾被评为云南省名优茶。

马邓位于镇沅县城东面，隶属镇沅县者东镇。马邓是一个行政村，辖 18 个村民小组，在其所辖的小拉拣、小寨、大寨、大平掌、大村、老房子、蕨箕林等地都有老茶树分布。马邓茶区属于哀牢山系茶区。

马邓村所属区域内居住有汉、彝、哈尼、拉祜等民族。据说汉族是清嘉庆年间迁入的，最早迁入的是杜、刘两姓，迁入后在马邓一带种植茶叶，发展农副产业。其种茶之法在当时应该是比较好的方法，其方法是先挖一个一米的深坑，坑内先放置沙子，再在沙子上放上木炭和草木灰做底肥，然后再植茶树。

马邓大茶树多分布在马邓村所属的大马邓、小马邓村民小组，另外，在村旁地边有很多呈高大乔木状生长的大茶树，在山林中也有乔木状老茶树分布。其中，最大的一片老茶树在蕨箕林边上，这里有一片 2 米多高、干径达 10 多厘米、由数百株茶树组成的茶林，虽然面积不大，但密集度很高。

迷帝古茶园

墨江县古茶园主要是迷帝和景星。迷帝茶区位于墨江县城西北的新抚乡境内，属哀牢山系，年均气温 16℃，相对湿度 80%，常年云雾环绕，茶叶生长期长，采摘期短，产量低但茶质好。

据史料记载，墨江新抚乡一带种茶始于明朝神宗时期，距今已 400 多年。到清代时，新抚乡一带茶叶生产与贸易已有较大发展，今乡政府所在地当时叫"唐尚街"，曾是茶马古道的驿站之一，商贾云集。

迷帝茶原来称"米地茶",清代将普洱茶列为贡茶后,普洱府辖区内的很多优质茶也被列为贡茶。据传说,米地茶因品质优良也被列为清代贡茶,进贡清宫后受皇帝喜爱,赐"岁俸京师"匾一块。此匾由界牌赵氏家族世代保存,在"文革"期间流失。米地茶因让皇帝迷恋而被称为"迷帝茶",这个名字一直沿用下来。

迷帝茶区的产地新抚乡属哀牢山系,这里山高林密,生态保护较好,在山中还有大量野茶分布。经当地民众多年开发种植,栽培了很多老茶树,最大的老茶园有300多亩。界牌种茶大户赵氏家族也因茶叶种植与贸易成为当地首富。在赵氏老茶园中还立有一块石碑,上书"迷帝茶源",以示其地位之尊。

黄草坝古茶园

景谷县的古茶园主要有黄草坝、小景谷、秧塔等。

黄草坝古茶园主要分布在黄草坝村下辖的黄草坝组,该组位于东西两座大山之间,东面大山当地人称牛肩包山,因其形似公黄牛肩头上的肩包而得名。

黄草坝茶树可分为四类:第一类是生长于村旁地边的大茶树,是黄草坝古茶园中最粗大的茶树,呈乔木状生长,高大而粗壮。第二类是生长于村子周围山坡的老茶树,树高多在2米左右,干径10厘米上下。该树因水、肥、光照原因,虽树龄较长但长得不很高大。第三类是长在村西山坡上的荒野茶,是当地村民用群体种茶籽的方式在山坡断断续续种植的。曾有几十年全部放荒于山坡上,与林木伴生,不修剪、不施肥,也不清理林木。这些茶树虽树龄不长但品质较好,当地人将其列为小树茶，不能与老树茶相混。第四类是在距村一公里多的山上的新植茶园。

黄草坝的前三类茶园中都是大叶种与小叶种混生，村旁地边的大叶种和小叶种茶树的高大粗壮程度相似于困鹿山古茶园，比困鹿山茶稍显淡薄。

腊福古茶园

该茶园位于孟连县境内，孟连县有两片栽培型古茶园，一个在芒中，一个在腊福。只是腊福古茶园知名度较低，外人很少知道。人们更多听说过的是腊福大黑山野生茶。腊福大黑山位于中缅边境上，最高峰海拔 2603 米，周围分布着约 58 平方公里的原始森林，在原始森林中分布有很多野生大茶树。腊福大黑山野生茶考察公布后，很多人都认为腊福只有野生茶，其实还有栽培型古茶，主要分布在腊福大寨周围和水库边上。

腊福大寨是拉祜族村寨，有 100 多户，曾是孟连通往缅甸的通道之一。现在修了勐马口岸公路，基本不用原来的通道了，从腊福到国境线只有几公里路程。

腊福古茶属于大叶种，分布相对比较分散，大茶树最集中的地方是居民已外迁的旧寨，这里有很多株干径接近或超过 20 厘米的大茶树。

中华普洱茶博览苑和万亩茶园

中华普洱茶博览苑建在距市区 29 公里的营盘山上，以万亩生态茶园为建设背景，青山环绕，丘陵相拥，景色秀丽，是茶海中的一颗璀璨明珠。整个景区从普洱茶起源演化、发展嬗变、种植生产、民族渊源、加工包装、历史文化、收藏营销、烹制品鉴等不同角度，立体化地展现了有关普洱茶的内容，核心区由普洱茶博物馆、村村寨寨、嘉烩坊、普洱茶制作坊、茶祖殿、品鉴园、采茶区、问茶楼、闲怡居9个部分组成。中华普洱茶博览苑的周边是营盘山生态茶园，生态茶园面积达2.3万亩。

柏联普洱茶庄园和惠民茶园

惠民茶厂位于澜沧县惠民乡，与西双版纳州勐海县相毗邻，建于1977年，是老牌的国有茶厂，有高标准生态茶园一万多亩。2007年，澜沧县人民政府与柏联集团签订了《惠民茶场产权整体转让合同》，柏联集团接管惠民茶园后建立了柏联普洱茶庄园。

柏联普洱茶庄园是以普洱茶为主题的茶庄园，是一个集普洱茶种植、生产、营销、科研和普洱茶文化、旅游为一体的多元企业。庄园拥有茶园基地1.1万亩，庄园制茶坊把具有云南傣族、布朗族民居特色的木材、茅草、小挂瓦、回廊、尖顶等元素自然地融入其中，与周围茶园浑然一体，既方便游客观光，又可以保证生产环境的整洁。柏联普洱茶庄园是一个传统与现代相结合的普洱茶基地，集后现代建筑美感和傣族、布朗族民族特色于一体。

五 普洱景观

1 人文景观

宁洱民族团结誓词碑

1951 年元旦前夕，中共普洱地委在普洱（现宁洱）召开全区 26 个民族参加的普洱区（辖思茅地区、西双版纳傣族自治州、沧源佤族自治县）第一届兄弟民族代表会议。为表达民族团结、军民团结的共同愿望，党政军领导人与各族代表按佤族习俗举行剽牛仪式，同喝咒水，立下民族团结誓词碑，被誉为"新中国民族团结第一碑"，碑上刻有誓词和 48 位代表用各族文字写下的签名。此碑现立于宁洱民族团结誓词碑纪念园内。2006 年 5 月被国务院公布为第六批全国重点文物保护单位。

思茅区中华普洱茶博览苑

中华普洱茶博览苑距普洱城区 29 公里，是"中国茶城"的标志性景观之一。景区内有普洱茶博物馆、村村寨寨、嘉烩

宁洱民族团结誓词碑

坊、普洱茶制作坊、茶祖殿、品鉴园、采茶区、问茶楼、闲怡居9个景点，系统介绍了普洱茶的起源演化、种植生产、民族源流、加工包装、历史文化、收藏营销、烹制品鉴。游客可在景区里充分体验观茶、采茶、制茶、品茶、斗茶、饮茶、鉴茶、敬茶、拜茶、购茶等众多乐趣。整个景观山峦起伏，青山相连，绿色袭眼，茶树满地，香飘满园，集中体现了景区的6大特点，即最大规模的普洱茶主题公园、普洱茶资源种类最齐全、普洱茶标本最丰富、普洱茶联匾诗画最集中、茶艺茶俗茶道最精湛、普洱茶文化底蕴最深厚。这是集采风写生、体验分享、考察研究、休闲度假、餐饮娱乐等多功能旅游于一体的生态公园。

普洱茶主题公园

墨江县北回归线标志园

北回归线标志园位于墨江县城，因北回归线从县城穿过而得名。北回归线标志园是一个融天文、地理、植物及科普知识和园林艺术、旅游文化于一体的人文景观，是国家 AAA 级旅游景区。整个景区由回归之门、太阳之路、夸父追日、石环、超越、日月交辉、窥阳孔及北回归线穿过的 18 个国家吉祥物标识馆、双子星广场、天文馆、石阵广场、哈尼取火台等 12 个景点组成，是目前世界上规模最大、内容最丰富的北回归线纪念性景观，也是云南省重要的爱国主义教育基地和科普教育基地。它用直观的天文地理知识和美丽的哈尼神话传说，诠释了人类对自然、生命、太阳的理解，也表现了人类对宇宙、天体、地理的探索。每年的夏至（6 月 21 日或 22 日）正午，可以看到一年一次的"立竿不见影"的自然现象。

北回归线标志园

思茅区洗马河、梅子湖公园

洗马河、梅子湖公园位于思茅城郊，是思茅区最早建立的两个公园，也是思茅人心中永远的一首诗。相传三国时代的诸葛亮南征，深入不毛之地，屯兵平坝之边的河畔，士兵纷纷用清澈的泉水洗刷战马。当洗刷诸葛亮的坐骑时，瘴气袭来，蚊虫叮咬，白马染病而终。诸葛亮心中牵挂它，故将该河命名为洗马河，该平坝也因思念隆中茅庐而被称为思茅。

梅子湖是因拦截梅子河，筑坝蓄水而成的人工湖。虽然园中没有思茅人喜爱、回味的梅子，但是清亮的湖水、湖边的野鸭、茂密的思茅松、林中的亚洲象、傍晚的鹭鸶、清晨的群鸟等，则成为思茅的靓丽风景。

洗马河公园

梅子湖公园

西盟县佤族文化旅游区

西盟是我国两个佤族自治县之一。西盟佤山是世界佤族文化保护区，位于普洱市西南部，距离普洱城区 200 多公里。这里至今仍保留着原始神秘的勐梭龙潭、永克落园、司岗里部落、龙摩爷圣地、木依吉神谷、佛殿山三佛祖遗址等人文痕迹。制陶、乐器、绘画、织染、歌舞、祭祀等活动是当今人们认识人类社会童年的依据。所以，阿佤人也被称为"东方印第安人"，整个佤山保护区则被誉为"阿佤文化的好莱坞、人类发展的活化石、历史文明的博物馆"。随着《阿佤人民唱新歌》的歌声，佤山各族儿女从原始社会末期直接过渡到了社会主义社会初级阶段，世人也开始认识到了西盟生态和谐的自然风光、原始公平的价值理念、古朴豪爽的地方性格。

澜沧县拉祜风情园

澜沧拉祜风情园位于县城北郊一公里处，占地面积 300 余亩，水面近 100 亩，园内植被茂密，湖水清澈，风光秀丽，园内有独特的民族建筑和丰富多彩的民族文化展演。拉祜风情园以展示拉祜族历史、拉祜族文学艺术和拉祜族传统为主，主要有拉祜族历史文化风俗博物馆、葫芦塔、拉祜族少年群雕、拉祜广场、村寨、天然温泉游泳馆、园林式中央花园、风情园林等景点。其中，矗立在拉祜风情园中心的革命烈士纪念碑，是为纪念解放澜沧和保卫边疆牺牲的英烈们而修建的，是澜沧县极好的爱国主义教育基地。园中的水库大操场是原驻澜沧部队的练兵场，也曾是 1988 年"11·6 大地震"中直升机的停机坪，现在则是节日集会游玩的好地方。每年春节、中秋节、国庆节，都有几万人在这里聚集，欢度节日，平时则是城区居民打陀螺、放风筝、散步的理想之地。

景东县卫城遗址

景东卫城遗址位于景东第一中学，是云南省仅存的四座明代卫城遗址之一，属省级重点文物保护单位。景东卫城原有东南西北四门，城墙依山而建，周长5公里，墙高6米，宽3米。经过多次战乱后，目前保存完好的仅有南门门堡及南部城墙，距今已有600余年的历史。据载，卫城修建于明朝洪武二十三年（1390），是景东傣族土司俄陶的住宅。后麓川土司叛乱，发兵景东，俄陶土司战败，逃往大理，奏请朝廷出兵。明朝政府派出精兵，收复景东，俄陶让出住宅，明军屯兵于此，故得名卫城。

墨江县碧溪古镇

碧溪古镇是茶马古道上的一个重要驿站，东可进玉溪、昆明，北可走楚雄、大理、丽江，南可下普洱、思茅。碧溪原名碧朔，是明朝恭顺州州政府所在地，也是普洱市保存较完整的古镇之一。古镇有南北纵横、东西贯通的两条青石板街道，将古镇分为四个城区，四周曾筑有城墙，建有东、西、南、北四门，呈十字形结构。镇内民居以四合院为主，有"四合五天井""四合院""三坊一照壁""跑马转角楼"以及"一颗印"等类型。所有民居大门统一朝街，门窗梁柱雕花镂空，造型庄重优美，防水、防旱、防盗见于其中，具有代表性的有黄益秋三进院、黄正本宅、张鹏光宅、黄正元宅等，这些宅院的木构件长期与空气、自然光接触，表面沧桑、古朴，极具艺术和历史韵味。碧溪古镇人杰地灵，曾出现过许多名门望族，其中就有"庾氏三雄"，即有"光复英雄、护国将军"之称的庾恩旸，曾任昆明市市长、创办"重九"香烟的庾恩锡，曾任云南省参议员的庾恩荣。2005 年，碧溪古镇被列为云南省 60 个旅游小镇之一。

孟连县娜允古镇

娜允古镇位于孟连县城西北部，东临南垒河，背靠金山，坐北朝南，是元、明、清、民国四个时期孟连的政治、经济、文化、宗教的中心，也是孟连傣族统治集团的所在地。娜允，傣语为"内城"之意。从 1289 年傣王罕罢法在孟连建娜允傣城到 1949 年最后一任土司刀派洪交出官印，共历 28 任土司，历时 660 年。娜允古镇从建城开始，整个布局就以宣抚司署为中心，周围按照严格的等级制度，分上、中、下三城及芒方岗和芒方冒两寨。上城是土司和家奴的居住区，中城是宣抚司署官员的居住地，下城是宣抚司署议事庭长和头人的住所，芒方岗和芒方冒是为土司及警卫直接提供打猎、养马、豢象等服务的村寨。2001 年，娜允古镇被列入省级历史文化名镇，2005年被列为云南省 60 个旅游小镇之一，2006 年被评为云南省十大名镇之一，同年被评为十大魅力名镇之一，2008 年被公布为中国历史文化名镇。

宁洱县磨黑古镇

磨黑古镇距离宁洱县城约 30 公里，是茶马古道通往省城的重要驿站之一。磨黑为傣语，"磨"为井，"黑"为盐，磨黑意为"盐井"之意，曾是云南省的第二大盐矿。磨黑盐矿丰富，民国时期以盐巴交易为主，成为滇南的商业中心；磨黑革命历史悠久，20世纪40年代云集了众多的共产党人，传颂马克思主义，是普洱著名的革命老区，素有"小延安"之称；磨黑人才辈出，远有磨黑人的小九妹——金花杨丽坤，近有全国劳模张培英。磨黑历来有尊师重教的传统，磨黑中学是省级爱国主义教育基地，跑马转角楼和新政街15号、312号是当地著名的典型民居，水晶宫、杨丽坤故居是来访客人的必到之地。

景东县响水古村

响水古村位于景东县文井镇，距离县城13公里，占地面积约为一平方公里，保存有清朝末期所建的景东民居，以梁家大院为代表，既有典型的本土银生民居风貌，又有大理白族"三坊一照壁"和"四合五天井"的建筑风格。由于受破坏程度相对较小，响水古村的道路至今大多仍为石板与青砖原貌，且存在一定数量的、富有地方特色的古民居，传统街巷风貌保存较为完整，是目前普洱市规模最大、保护较好、艺术价值极高的古村落，具有较高的历史、文化、艺术和科研价值。

镇沅县河西村

河西村位于镇沅县古城乡，距离县城57公里。这里夏季气温高，是镇沅"三大火炉"之一。河西村的居民多为哈尼族卡多支系，文化颇有特色，喜爱荡秋千、打陀螺、射弩、踩高跷等体育活动。民间舞蹈有扭鼓舞、大鼓舞、阿迷车、色尼尼、三跺脚、蹬歌、羊厮打、苍蝇搓脚、小白鱼翻身等。传统建筑是蘑菇房，现已被汉式建筑所取代。河西村的重要节日有十月年节、火把节、祭竜节等。十月年节是纪念天王伟执的生日，确切时间是农历十月第一个属龙日。火把节的确切时间不一，一般定在农历六月的某一天，当卜卦为村寨的吉祥日之时，就是火把节之日。祭竜节又称为祭寨神林、寨神树，是河西哈尼人最隆重的祭祀活动，时间一般定在十月年节后的本村寨第一个最吉祥的日子。

澜沧县芒景村

芒景村位于普洱市澜沧县惠民乡，西邻西双版纳州，东邻缅甸，距县城 60 公里。芒景居民以布朗族为主，村寨依山而建，民房为传统干栏式吊脚楼，布局错落有致，少数民族风情浓郁，至今芒景村还保留着完整的传统山寨、民风民俗、生活方式以及布朗族先民的遗址，是世界上保存最好的布朗族山寨。芒景村群山环抱，山峦叠翠，山川秀美，夏无酷暑，冬无严寒，四季如春，雨量充沛，土壤肥沃，山间云雾缭绕，山下云海茫茫，空气里富含负氧离子，非常适宜种植茶树。目前，芒景村仍保留着迄今已有 1800 多年的古茶园，面积多达 1.6 万亩。此外，还保留着 100 多平方公里的亚热带森林。因此，芒景村历来是普洱市以普洱古茶、民族山寨、天然氧吧为特征的旅游观光、科学研究、采风写真、休闲度假、分享体验的重要区域，是普洱市重要的乡村旅游目的地。

澜沧县老达保村

老达保村位于澜沧县酒井乡，距县城 60 公里，是一个典型的拉祜族村寨。这里是拉祜族创世史诗《牡帕密帕》的传承地之一，也是拉祜族原生态、无伴奏多声部合唱的乡村音乐歌舞之乡。老达保村的男女老少都能歌善舞，可参加歌舞表演的人员多达 200 人，且人人都会弹吉他；男人会吹芦笙，跳芦笙舞，妇女擅长摆舞，演唱歌曲。以《快乐拉祜》《打猎歌》为代表的多声部合唱，表现力极为丰富，被誉为东方乡村音乐。2005 年，老达保村组建了雅厄艺术团，将 100 多名可以参加演出的骨干人员吸纳为演职人员，积极参加各种大型演出，宣传拉祜文化，堪称本土最红的音乐组合。2006 年，老达保村寨被列为第一批国家级非物质文化遗产传承基地，两名村民获国家级非物质文化遗产项目代表性传承人称号。现老达保村已被批准为云南省特色旅游村。

宁洱县那柯里村

那柯里村位于宁洱县同心乡，距县城 16 公里，距普洱市城区 24 公里，曾是茶马古道上的重要驿站，是"云南省第二首《小河淌水》——《马帮情歌》"的诞生地。"那柯里"为傣语，"那"即"田"，"柯"即"桥"，"里"即"好"，"那柯里"就是"桥旁边的好田好地"之意。相传那柯里原称马哭里，每次马帮经过，必须涉水趟过村中的小河，马驮重负，头马行走到此，面对清亮的河水，都会留下伤心的泪水，故得名。马锅头视马如命，见此情形，多次上书官府，官府终于遂了马帮心愿，修筑了风雨桥，马哭里也就此更名为"那柯里"。至今那柯里还保留有较为完好的茶马古道、马店客栈、风雨桥、马灯、马槽等历史遗物，同时修建了河道自然景观、古道陈列馆、水车拉风箱、千锤打马掌、驿站广场、洗马台、碾碓房、马掌提情岛、古道流溪、马跳石、竹桥、寨门和石心树、连心桥等 17 个景点和基础设施。2005 年，那柯里被宁洱县公布为县级文物保护单位。

江城县整董村

整董村位于江城县整董镇，距县城 59 公里，与西双版纳的景洪市和勐腊县连在一起，是西双版纳（十二块坝子）之一，傣语意为"发现了一个平整的地方"。整董村寨隐于苍翠幽静的竹林丛中，傣族群众几乎全都居住在傣族特有的传统民居里，最为集中的村寨是连在一起的漫贺井、漫贺、漫乱宰，虽然是三个寨子，却户户相连，家家相通。所以，2013 年，整董傣族传统民居建筑群被公布为省级文物保护单位。建于 1850 年的贺井塔造型优美，风格独特，在傣族的佛塔中尚未发现与此相同类型的，当属珍贵文物。中整一碗神水、大河边傣族民俗村、大河边瀑布、温泉、漫贺井三寨民俗村、巨榕成林等景观，具有较大的开发价值。

西盟县博航村

博航村位于勐梭镇，距西盟新县城约 10 公里，是连接临沧和西双版纳的纽带。博航村是佤族文化浓郁的原始自然村落，居民均为佤族，民风纯朴，民间传统习俗保存较为完整，村民们多能即席而歌，即兴起舞。具有代表性的人文景观有佤族民居、木鼓房、剽牛桩、鬼林等，自然景观有岩峰叠翠、云霞雾霭、日出夕照、佤山梯田、佤山云海等。

墨江县新抚岩画

新抚岩画由鸡卦石、朝山庙和彭炳文仓房的岩画组成，自北向南，呈一线式分布，散布于海拔 1400 ~ 1900 米之间的崖壁上。鸡卦石岩画位于新塘村大梁子小组的红石岩山梁上部，面积4平方米，用白色矿物颜料绘成，画面可以看到35个人物、2只动物。朝山庙岩画位于平掌村四甲河小组草山岩子下方，面积约20平方米，用红色矿物颜料绘成，可以辨认的图案有人物13个、动物2只。彭炳文仓房岩画位于平掌村冬瓜树小组机树岩子中上部，面积约为16平方米，用红色的矿物颜料绘成，图案有人物30个、动物2只。新抚岩画与广西左江岩画、云南沧源岩画同属一个时期，填补了普洱市岩画的空白，并以稚拙、质朴、简约的艺术特色，赢得了一定的历史和艺术地位。

莱阳河森林公园

莱阳河国家级森林公园位于思茅城区东南部，地处热带与亚热带结合部，距普洱市城区37公里，因莱阳河贯穿东西而得名。这里是北回归线上中国仅存的一片原始森林，园内森林茂密，河流纵横，气候凉爽，空气清新，动植物种类繁多。据统计，园区内乔木达80多种，动物200余种，其中有属国家一级保护的濒危植物——树蕨等，以及热带植物海芋、野芭蕉、冬叶及附生植物麒麟叶、鸟巢蕨等。国家重点保护的野生动物有野牛、蜂猴、灰叶猴、金猫等。目前，公园已经开发出茶马古道遗迹、兰花谷、黄竹林箐、玉生田、莱阳河科考中心观景台等景点，建起了龙潭度假村、天壁度假村和树上人家度假村，其中斑鸠坡茶马古道是迄今保存最完整、里程最长、茶马古道文化最厚重、沿路生态最好的一段，被誉为"中国乃至世界交通史上的活化石""一条流淌的茶马文化长河""一段可以触摸的历史"。1992 年莱阳河被国家批准为国家森林公园，1993 年又经批准在公园内建立思茅国际狩猎场。

莱阳河国家森林公园

2 自然景观

哀牢山自然保护区

哀牢山自然保护区位于哀牢山脉中北段，海拔在 2080 ～ 3165.9 米之间，总面积 5.036 万公顷，隶属于云南省景东县、镇沅县、新平县、楚雄市、双柏县 5 县市管辖。哀牢山保存了目前我国面积最大、结构最为完整的中山湿性常绿阔叶林，孕育繁衍了极其丰富的野生动植物资源，目前发现的高等植物种类约 1500 种，其中国家重点保护植物有水青树、野荔枝等 14 种；高等动物种类有 435 种，其中国家重点保护动物有黑长臂猿、短尾猴、绿孔雀等 20 多种。哀牢山不仅是地质地貌上的一条重要分界线，也是云南省东、西部的气候分界线。位于景东县城 60 公里，海拔 2506 米的杜鹃湖，是罕见的高海拔人工湖泊，因四周生长着红黄白各色杜鹃花而得名。杜鹃湖水澄碧如玉，湖边树木枝丛垂吊水中，微风吹过婆娑起舞，婀娜多姿，俨然一幅山水鸟兽图。1986年，哀牢山建立了省级自然保护区，1988 年升级为国家级自然保护区。

哀牢山自然保护区鸟瞰

无量山自然保护区

无量山古称蒙乐山，以"高耸入云不可跻，面积大不可丈量之意"而得名。无量山自然保护区总面积 30938 公顷，主要保护南亚热带中山湿性常绿阔叶林生态系统及珍稀野生动物，隶属于云南省景东县、南涧县两县管辖。目前保护区已知高等植物有 2578 种，其中国家重点保护的野生植物有红豆杉、长蕊木兰、水青树、景东翅子树、云南榧木等；已知陆栖脊椎动物有 463 种，其中国家一级重点保护野生动物有黑冠长臂猿、熊猴、灰叶猴、虎、云豹、绿孔雀等 11 种，国家二级重点保护野生动物有猕猴等 42 种。虽然自然保护区的面积不足国土面积的万分之一，但保留了全国三分之一的物种，因而可以说，无量山自然保护区是一座天然的"物种基因库"，是"动植物王国的缩影"。2000 年，被国务院批准为国家级自然保护区。景东辖区基本涵盖了整座无量山的核心资源，区域内的高山、瀑布、溪流、峡谷、动植物、溶洞、古茶树、自然村落、民风民俗等旅游资源组合极好，《天龙八部》中的无量山奇山美景又提升了自然保护区的知名度。因此，建设无量剑湖、大寨子黑冠长臂猿观测站、公平观景点、漫湾昔掌瀑布、乌龟坝瀑布群等景点是开发自然保护区的重点。

无量山自然保护区远景

威远江自然保护区

威远江自然保护区位于景谷县城西南，是全国唯一的思茅松原始林自然保护区，属于省级自然保护区，面积达 7653 公顷。保护区原始森林遮天蔽日，茫茫林海郁郁葱葱，优越的气候条件，使区内思茅松生长迅速，林木高大通直，林下杂草、灌木发达，林中鸟语花香。森林中栖息着蜂猴、长尾花叶猴、水鹿、豹子、绿孔雀、金丝猴、白鹇、蟒蛇、麂子等数百种野生动物，属国家保护的珍稀动物有金丝猴、绿孔雀等数 10 种。山顶有可观威远江自然保护区全貌的瞭望台；位于益智乡昔俄社的大尖山顶，存有 124 公顷的柬埔寨龙血树，这是全世界发现的面积最大、保护最完整的龙血树野生群落。

孟连竜山自然保护区

竜山自然保护区位于孟连县城郊，面积为 54 公顷。1972 年，我国著名植物学家蔡希陶先生首次在竜山发现了小花龙血树的原始群落分布，1986 年被公布为云南省自然保护区，主要保护小花龙血树。保护区内共有小花龙血树 2833 株，有近 150 亩的小花龙血树纯林，树高一般在 15 米左右，最高达 25 米，直径一般为 40~80 厘米，最大的达 108 厘米。小花龙血树可制作血竭，具有极高的药用价值，在我国分布极窄，濒于灭绝，属国家三级保护植物。目前竜山自然保护区是国内小花龙血树分布最多、最集中、保存最好的小花龙血树纯林，被称为"全国之冠、孟连一绝"。

墨江西歧桫椤自然保护区

桫椤自然保护区位于泗南江乡，距离墨江县城 110 公里，面积达 6222 公顷。桫椤又称"树蕨"，起源距今 3.6 亿年，是唯一能长成大树的蕨类植物，被称为植物活化石，具有很高的观赏、药用价值。桫椤曾经在地球上分布很广，茎叶中含有大量淀粉，适合恐龙享用，因而有"恐龙食物"的称誉。后来地球气候逐渐干燥和寒冷，桫椤濒临灭绝，仅幸存于尚具有古代气候特征的少数热带、亚热带地区，现被列为国家一级重点保护植物。墨江桫椤集中成片生长，仅在西歧村就存活有 6 万余株桫椤，共 1 万多亩。据统计，墨江桫椤树干有的高达 10 多米、叶片有 2 米多长，胸径在 10 厘米以上的桫椤就有 10 万余株，最粗的胸径达 30 多厘米，是难得的天然优良中华桫椤野生种质"基因库"。2001 年，云南省在此设立了省级桫椤自然保护区。

糯扎渡自然保护区

糯扎渡自然保护区是 1996 年经云南省政府批准建立的省级自然保护区，主要保护澜沧江沿岸的生态环境及野牛、野象等，隶属思茅区、澜沧县管辖，面积达 32.5 万亩。据调查，糯扎渡具有从热带北缘向亚热带过渡的明显特征，河谷稀疏灌木草丛和暖热性稀疏灌木草丛是该保护区特有的植被类型，保护区内植被垂直分布特征明显，具有明显的植被倒置现象。这里有极为罕见的物种，如大花香荚兰、蔓生山珊瑚、滇韭等，数量稀少，甚至仅能看见个别植株。近来，保护区内相继发现了云南植被新的纪录类型——榆绿木林以及云南热区河谷植被新的纪录类型——江边刺葵群落。

镇沅千家寨风景名胜区

千家寨风景区位于镇沅县东北。据记载，哀牢山彝族农民领袖李文学联合各族农民 5000 余人，聚集天生营，誓师起义，并安营扎寨，反抗清廷，因而得名"千家寨"。镇沅千家寨风景名胜区的海拔在 2000～3137 米之间，总面积 44 平方公里。景区由千家寨、弯河、者东三个片区和恩乐—水塘游览线等 49 个景点组成，核心景点有野生茶王树、千家寨古战场遗址、千家寨大小吊水瀑布、飞来寺等。据专家考证，野生茶王树高 18.5 米，树龄有 2700 多年，是目前全世界发现的最大、最老的野生茶树。至于飞来寺，则相传建寺时，因山高路陡，房屋的木梁一直无法运上山，然而却在一夜之间木梁已飞到建庙处，故得名。该寺建成于明朝，因其历史悠久，善男信女仍然络绎不绝。千家寨群山起伏，林海茫茫，古树参天，沿途的风景是千家寨的魅力所在，大小吊水两个瀑布挂在山口，嘟噜河一直陪伴着进入密林深处，水流裹夹着水雾，顺着山势，层层

千家寨古战场遗址

跌落。山中奇峰怪石矗立，林间古树野藤蔽日，路上枯叶野花散落，朽木长满绿色地衣。其山雄、其水美、其林幽、其物奇，1996 年被评为省级风景名胜区。

野生茶王树

孟连腊福大黑山风景名胜区

腊福大黑山位于勐马乡中缅边界，距孟连县城 41 公里处，面积约 160 平方公里。景区以热带原始常绿阔叶林及珍稀动植物景观为主体，以民族文化、民族风情及边贸口岸风貌为衬托，自然景观与人文景观融为一体，生物多样性特点突出；景区内植被丰富、种类繁多、野生动物丰富；山林间云雾缭绕，气候宜人，按国内旅游度假气候指标评价，大黑山有最佳疗养日176天，春秋日341天，优于昆明、大理、庐山等地。整个景区由北向南，由低至高分布了腊福水库、拉祜山寨、活化石桫椤林、杨梅园、杜鹃园、竹类园、千亩木多依园等30个景点，是游玩观光、休闲度假、探险狩猎的好地方。1993年被评为省级风景名胜区。

宁洱风景名胜区

宁洱风景名胜区位于宁洱县境内，核心面积64平方公里。宁洱原名普洱，1383年定名，哈尼语为"水边的寨子"之意。1729年，清朝在此设普洱府；1735年，置宁洱县，意为"安宁的普洱"。宁洱风景名胜区由天壁山、松山、白草地三个片区和小黑江游览线等20个景点组成。著名景点有挺拔秀丽的天壁山、神奇迷离的太乙溶洞群、茫茫苍苍的松山林海、德安原始森林群落、白草地原始茶树林、古茶盐驿道遗址和哈尼、彝、拉祜等民族文化风情，以及闻名中外的普洱茶文化节。如今宁洱风景名胜区是滇南风景旅游圈的精品景区之一，是旅游观光和研究茶文化、民族文化与汉文化交融发展的重要区域。

六 现代发展

近年来，面对复杂多变的国内外经济环境，普洱市委市政府牢牢把握科学发展这个主题，突出转变经济发展方式这条主线，紧紧抓住国家桥头堡建设机遇，坚持"生态立市、绿色发展"战略，全力推进国家绿色经济试验示范区建设，全市经济社会发展跃上了新台阶。

1 思想变迁，催生观念嬗变

一是始终突出解放思想这个先导。激励干部敢想敢闯敢干，坚决革除因循守旧、人云亦云、不合时宜的思想观念，全市广大干部群众建设美好家园的自豪感倍增，加快发展的信心十足，干事创业的激情高涨，呈现出人心思进、团结奋进、开拓前进的蓬勃局面。二是始终突出实事求是的思想方法。不唯书、不唯上、只唯实，有所为、有所不为，打破传统观念的束缚和习惯思维定势，在产业培植、社会发展等工作中，紧密结合实际，大胆创新。三是始终突出资源大整合、改革大创新。

率先在全省探索创造了集体林权制度改革、矿业整合、水务改革、拉祜族苦聪人扶贫、"6·3 地震"灾区恢复重建、公路建设、城市建设、投融资等特色鲜明的普洱发展之路。四是始终突出大发展理念。坚持"大开放促进大开发、大招商引进大企业、大产业带动大发展"不动摇，先后引进了天士力、康恩贝、星巴克、柏林、华夏、中坤、中国供销、汇源等一大批知名企业落户普洱。与 50 多个国家和地区开展经贸往来，对外合作交流日益增强。全市外贸进出口总额从 0.5 亿美元增加到 2.7 亿美元，增长了 5.3 倍。

2 破解发展瓶颈，奠定坚实根基

始终突出夯实基础这个重点，千方百计增投资、上项目，一大批事关普洱发展转型升级的重点工程与项目先后建成或抓紧建设中，综合交通体系更加完善。磨思高速公路以及思澜、澜惠、宁景、永临、思江、澜西、小澜、澜阿、安普、旅游环线 10 条二级公路建成通车，以哀牢山、无量山经济干线为重点的农村公路建设加快推进，县级公路、经济干线、农村公路逐步完善，公路通车里程从 1.59 万公里增加到 1.92 万公里。新平—临沧高速公路、玉溪—磨憨铁路（普洱段）项目前期工作进展顺利。普洱绿三角机场建设如期开工。能源建设加快推进，糯扎渡水电站下闸蓄水，糯扎渡±800 千伏换流站、500 千伏开关站开工建设进展顺利，石门坎、三江口水电站建成发电，普西桥、勐野江等电站建设步伐加快。农田水利建设扎实推进,中低产田地改造、重点水源工程和山区"五小水利"工程顺利实施,思茅菁门口、江城营盘山等水库竣工验收,景东青龙、镇沅新江等水库启动实施。新农村建设稳步推进,启动了全市村庄规划的实施和以昆曼大通道沿线为重点的新农村示范带建设,打造了一批新农村建设示范点。

磨思高速公路通车

3 曼妙环境,古韵合新声

始终突出"天赐普洱、世界茶源"这个品牌,积极探索"盘活存量、集约利用、合理布局、向山延生、组团发展"的思路,高起点、高品位、高品质、高品格推进城市规划、建设和管理,塑造提升城市形象,着力打造城市名片。普洱中心城区300多平方公里的城市框架基本构成,东部教育区、南部旅游度假区、西部工业园区、北部行政文化区、中部商业区的功能格局基本形成，集聚功能、牵引功能和辐射带动功能不断增强。城市品牌建设初见成效。内、中、外旅游环线建成通车，北部新区建设和老城区提升改造稳步推进，市文化中心、普洱学院、市职教中心、开元梅子湖温泉酒店、梅子湖栈道、观景台栈道、龙山栈道、湿地公园等建成使用。"森林普洱"建设成效明显，城市绿化、亮化、美化、湿地、路网等 12 项重点工程全面推进，一个以生态生命景观系统支撑的妙曼城市呼之欲出，山花烂漫、野趣横生、树绿花红、光彩迷人的景象初显，普洱荣获"中国魅力城市""最具中国创意名城""最具生态竞争力城市""中国十大特色休闲城市"和"中国十佳最具投资潜力文化旅游城市"等称号，先后与北京市西城区、吉林省吉林市、法国利布尔纳市结为友好城市。城镇建设特色彰显，各县城建设掀起热潮，一批市政基础设施建设特色彰显，惠民旅游小镇、哀牢小镇等特色城镇建设初显成效。

普洱城市新景象

4 以"特"制胜，建设富庶新茶城

始终突出绿色发展这个理念，以优化产业结构、提升产业竞争力为主攻方向，全力推进支柱产业优化升级，加快骨干特色产业发展。全市实现工业总产值157亿元，增长25%，规模以上工业增加值55亿元，增长28%。支柱产业进一步优化升级。茶、林、电、矿产业实现工业总产值114亿元，约占全部工业总产值的73%。文化旅游养生产业发展迅速，实现旅游总收入50.9亿元，增长72%，增幅居全省第一位，景迈山旅游景区被评为"中国十大休闲胜地"。高原骨干特色产业发展壮大，完成136万亩生态茶园覆荫树种植，茶产业产值达

普洱三宝之普洱茶

普洱三宝之石斛

普洱三宝之咖啡

47亿元，增长36.8%。咖啡产业呈现规模化、品质化发展的良好态势，新建生态咖啡园20.8万亩，咖啡种植面积达65万亩，产量 2.8 万吨，居全国第一，被授予"中国咖啡之都"称号。烤烟产量达到 127.9 万担，实现烟农总收入 15.2 亿元。生物药业明显增快，蚕桑、橡胶、渔牧等产业健康发展。一、二、三产业比重由 33.3∶27.7∶39 调整为 30.8∶36.4∶32.8，以绿色产业和精深加工为主导的特色工业园区初具规模。非公经济发展势头强劲，增加值占全市生产总值的 40.7%。

5 以民为本，提高民生福祉

始终注重改善民生这个根本，突出民生优先，促进社会全面进步。教育事业长足发展，教育改革不断深化，教育基础不断完善，各类教育均衡发展，"两基"工作通过国检，教育在普洱建设与发展中的基础性、先导性、全局性地位日益显现。医疗卫生服务体系不断完善，服务网络进一步健全，疾病防治能力明显提高，新型农村合作医疗参合率达 95.6%。科技产业快速发展，普洱茶功效取得重大突破，《普洱茶典》被列为全国科普读物，科技进步对经济增长的贡献率达 46.4%。文化产业繁荣发展，普洱茶文化和少数民族文化得到进一步弘扬，节庆活动蓬勃开展，培养了一批文化人才，创造了一批文化精品，成功推出了《虎妈》《阿佤山》等反映普洱题材的影视作品破茧成蝶。社会保障体系初步建立，城乡低保等社会救助工作全面开展，社会保险覆盖面逐步扩大，保障性住房建设力度加大。扶贫开发扎实推进，解决了 45 万贫困人口的温饱问题，探索出了新的扶贫开发模式。精神文明建设不断加强，积极向上、健康文明的社会风气进一步形成，未成年人思想道德建设得到加强，评选命名表彰了首届感动普洱十大人物、普洱市道德模范和普洱美德少年。

普洱大剧院广场前的民族集体舞表演

6 社会和谐稳定，彰显普洱魅力人文

始终突出稳定这个大局，以解决源头性、根本性突出问题为重点，不断提升社会管理科学化水平。社会管理创新成效明显，以"为民服务五项制度"为核心的孟连经验和普洱"三五"群众工作法得到胡锦涛等党和国家领导人的充分肯定。全国做好新形势下群众工作经验交流会在普洱召开，孟连经验在全国推广。市、县、乡、村四级群众工作网络更加完善。平安创建扎实有效，促进和谐平安的各项工作进一步强化，禁毒防艾工作取得更大成绩，社会治安综合治理取得积极成果，人民群众满意度、安全感明显提升。社会矛盾化解工作卓有成

效，成功化解了一批社会矛盾纠纷，妥善处置了孟连"7·19事件"、原思茅交运集团部分职工聚集上访和江城橡胶利益矛盾纠纷。全市信访总量、集体上访、非正常上访逐年下降。依法治市工作稳步推进。"五五"普法全面完成，"六五"普法顺利展开。"平安普洱"创建活动深入推进，社会管理综合信息系统投入运行，社会矛盾化解、社会管理创新、公正廉洁执法三项重点工作和禁毒工作考核位居全省前列。党的民族宗教政策得到认真落实，积极引导宗教与社会主义相适应，社会主义新型民族关系更加和谐。

7　经济发展，普洱充满勃勃生机

采取有力措施，开创了经济社会快速发展的新局面。2013年，实现生产总值366.9亿元，增长15.6%，增幅居全省第5位；完成全社会规模以上固定资产投资351亿元，增长38.1%；完成地方公共财政预算收入47.9亿元，完成地方公共财产预算支出170.1亿元，分别增长21.9%和16.7%，收支绝对额均居全省第6位；社会消费品零售总额102亿元，增长18.5%，增幅居全省第3位；外贸进出口总额2.7亿美元，增长29.1%，增幅居全省第7位；金融机构存款余额492.9亿元，贷款余额326.4亿元，分别增长16.3%和18.4%，增幅分居全省第9位和第5位；城镇居民人均可支配收入17267元，增长16.1%；农民人均纯收入5020元，增长15.7%；居民消费价格总水平涨幅2.6%，低于全省平均水平；城镇登记失业率控制在 4.1% 以内，人口自然增长率 5.76‰，单位生产总值能耗下降 2.6%。一项项纪录连续刷新，一次次创举精彩纷呈，一个个梦想变成现实，开创了普洱特色之路，打造了普洱品牌，成就了普洱巨变，谱写了普洱发展史上的辉煌篇章。

参考文献

普洱市人民政府办公室、普洱市统计局编《普洱市领导干部经济工作手册》，2011。

《普洱市民族民间传说故事》，云南出版集团公司、晨光出版社，2009。

《可爱的家乡——思茅》，云南教育出版社，1999。

《走向世界的普洱》，云南民族出版社，2013。

《理论思考与实践对策》，云南民族出版社，2013。

《二十四史》，中华书局，1976。

赵子元：《赛平章德政碑》。

柯劭忞：《新元史》，开明书店，1974。

《云南各族古代史略》，云南人民出版社，1977。

谭其骧主编《中国历史地图集》，中国地图出版社，1982。

光绪《普洱府志》，1900。

思茅地区地方志编纂委员会编《思茅地区志》，云南人民出版社，1996。

普洱哈尼族彝族自治县人民政府编《普洱哈尼族彝族自治县地名志》，内部发行，1987。

《方国瑜文集》，云南教育出版社，2001。

《思茅地区志》，云南民族出版社，1996。

秦树才：《清代云南绿营兵研究——以汛塘为中心》，云南教育出版社，2004。

方国瑜、林超民：《〈马可波罗行纪〉云南史地丛考》，民族出版社，1994。

潘先林、张黎波：《天南电光——辛亥革命在云南》，云南人民出版社，2011。

《新编思茅地县市情》，云南教育出版社，2002。

《思茅地区文化志》，2005。

《思茅地区民间舞蹈集成》，1996。

《思茅地区民间故事集成》，1998。

《思茅地区民间音乐集成》，1999。

全国重点文物保护单位和国家级非物质文化遗产名录项目申报资料，1996～2011。

《普洱经济社会发展60年》，2009。

黄桂枢：《普洱茶文化大观》，云南民族出版社，2005。

杨中跃：《新普洱茶典》，云南科技出版社，2011。

周生贤主编《生态文明建设与可持续发展》，人民出版社、党建读物出版社，2011。

《镇沅彝族哈尼族拉祜族自治县志》，云南人民出版社，1995。

《景东彝族自治县志》，四川辞书出版社，1994。

《景谷傣族彝族自治县志》，四川辞书出版社，1993。

《墨江哈尼族自治县志》，云南人民出版社，2002。

《江城彝族哈尼族自治县志》，云南人民出版社，1989。

《普洱哈尼族彝族自治县志》，三联书店，1993。

《西盟佤族自治县志》，云南人民出版社，1997。

《澜沧拉祜族自治县志》，云南人民出版社，1996。

《思茅县志》，三联书店，1993。

《孟连傣族拉祜族佤族自治县志》，云南民族出版社，1999。

《云南少数民族概览》，云南人民出版社，1997。

赵泽洪：《诸葛亮是怎样走向神坛的》，《古今普洱》2012年第1期。

沈培平：《普洱生态文化发展的现状和未来》，《生态文化》2013年第1期。

和少英、李闯：《桥头堡建设与云南跨境民族文化的繁荣发展》，《云南民族大学学报（哲学社会科学版）》2011年第5期。

王晓文：《边地的魅力——一个新的文化空间的审视》，《山东师范大学学报（哲学社会科学版）》2008年第6期。

后　记

　　《普洱史话》是"十二五"国家重点图书出版规划项目"中国史话"系列丛书之一。根据市委书记卫星同志的指示精神，市社科联精心筹划，认真组织，会同参与作者一起挑灯熬夜，伏案笔耕，历经近两个月的艰辛努力，《普洱史话》今天终于与读者见面了。

　　参加本书撰写的作者分别来自文化部门、方志部门、社会科学研究部门、市委党校和普洱学院。具体分工是：龙麟负责第一章《普洱沿革》的撰写任务；文婷负责第二章《普洱史迹》的撰写任务；赵泽洪负责第三章《普洱民族》的撰写任务；徐昱、许江梅、杨中跃负责第四章《普洱茶话》的撰写任务；杨洪负责第五章《普洱景观》的撰写任务；林照森、李亚宏负责第六章《现代发展》的撰写任务；林照森负责撰写后记和统稿工作。

　　本书的编辑出版，得到了市委主要领导和有关部门的鼎力支持和关心。市委书记卫星同志对《普洱史话》的撰写提纲

亲自把关，提出修改意见，作出明确要求，并多次在百忙之中
抽出时间了解书稿撰写的进展情况，在人力、物力和财力上给
予大力支持，经常给撰写人员打气鼓励，出谋划策，他不仅是
《普洱史话》一书的直接参与者和领导者，也是该书的"总导
演"。市委办、市人大办、市政府办、市政协办、市委宣传
部、市委党史研究室、市民宗局、市文化局、市旅发委、市茶
业局、市方志办、市委党校和普洱学院等部门和单位的领导非
常重视《普洱史话》的撰写工作，指定负责人配合撰写组提
供原始资料。特别是市文化局、市方志办、市委党校、普洱一
中、普洱学院等部门和单位在自身工作任务十分繁重的情况
下，仍然抽出精兵强将支持撰写工作。广大撰写工作者不负重
托，挑灯熬夜，伏案著说，为高标准高质量完成《普洱史话》
一书的编写工作付出了艰辛劳动和心血，在此，一并表示衷心
的感谢！

史话编辑部

图书在版编目（CIP）数据

普洱史话/卫星主编. —北京：社会科学文献出版社，
2014.12
（中国史话）
ISBN 978 - 7 - 5097 - 6273 - 8

Ⅰ.①普…　Ⅱ.①卫…　Ⅲ.①普洱市 - 地方史
Ⅳ.①K297.43

中国版本图书馆 CIP 数据核字（2014）第 164038 号

"十二五"国家重点图书出版规划项目

中国史话·社会系列
普洱史话

主　　编/卫　星

出　版　人/谢寿光
项目统筹/宋月华　谢　安　　责任编辑/吴　超　黄　丹

出　　　版/社会科学文献出版社·史话编辑部（010）59367215
　　　　　　地址：北京市北三环中路甲 29 号院华龙大厦　邮编：100029
　　　　　　网址：www.ssap.com.cn
发　　　行/定制出版中心（010）59366509　59366498
　　　　　　市场营销中心（010）59367081　59367090
　　　　　　读者服务中心（010）59367028

印　　装/三河市尚艺印装有限公司
规　　格/开　本：889mm × 1194mm　1/32
　　　　　印　张：5　字　数：107 千字
版　　次/2014 年 12 月第 1 版　2014 年 12 月第 1 次印刷
书　　号/ISBN 978 - 7 - 5097 - 6273 - 8
定　　价/25.00 元

本书如有破损、缺页、装订错误，请与本社读者服务中心联系更换